**CHRISTA WOLF**

Reden im Herbst

**Aufbau** **Texte zur Zeit**

# CHRISTA WOLF

# Reden im Herbst

Aufbau-Verlag

ISBN 3-351-0 1784-7

1. Auflage 1990
© Aufbau-Verlag Berlin und Weimar 1990
Einbandgestaltung Kerstin Luck
Gesamtherstellung Elsnerdruck
Lizenznummer 301.120
Bestellnummer 614 317 0

# Inhalt

Nachtrag zu einem Herbst  7
»Nach Kräften gegen das Unrecht«  19
  *Nachruf auf Erich Fried*
Unerledigte Widersprüche  24
  *Gespräch mit Therese Hörnigk*
Brief an das P.E.N.-Zentrum der DDR  69
Überlegungen zum 1. September 1939  70
Aufforderung zum Dialog  77
  *Gespräch mit Gerhard Rein*
Brief an die »Junge Welt«  90
Brief an den Generalstaatsanwalt  92
»Das haben wir nicht gelernt«  93
»Wider den Schlaf der Vernunft«  98
Leben oder gelebt werden  101
  *Gespräch mit Alfried Nehring*
Sprache der Wende  119
»Es tut weh zu wissen«  122
Einspruch  128
Schreiben im Zeitbezug  131
  *Gespräch mit Aafke Steenhuis*
Zwischenrede  158
Heine, die Zensur und wir  163

Dokumente  169
Nachweise  172

# Nachtrag zu einem Herbst

Die meisten dieser Texte sind jetzt, da sie gesammelt erscheinen, überholt. Von der »Zeit«? Vom »Gang der Geschichte«? Aber was ist das? Jedenfalls ist es nicht mehr der ruhige, behutsame, die Kerzen in ihrer Hand schützende Gang der jungen Leute um die Gethsemanekirche am 7. und 8. Oktober 1989 – bedroht, aufgehalten, in die Flucht getrieben von den anrückenden Sicherheitskräften; nicht mehr der mutige, entschlossene Gang der hunderttausend Leipziger am 9. Oktober; nicht der befreite, souveräne, fast übermütige Gang der Berliner am 4. November. Schon wahr: Die da mitgegangen sind, haben Geschichte gemacht. Doch deutsche Geschichte geht anders, ich hatte es fast vergessen.

Erich Fried sagte mir bei einer unserer letzten Begegnungen: Wir müssen die Welt retten. Er wollte sich mit Gorbatschow treffen und ihm Ratschläge geben, zum Beispiel den, daß man den Marxismus dringend mit der Psychoanalyse verbinden müsse, um politisch erfolgreich zu sein. Ich lachte von Herzen, er meinte es ernst. Auf einmal – aber da war er schon tot – kam auch ich wieder in die Lage, geheime Hoffnungen ernst zu nehmen. *Zu* ernst vielleicht. Und keine Minute, um abzuwägen und zu überlegen. Kein Abstand, der erlaubt hätte, mir bei meinen Aktivitäten selber zuzusehen. Davon zeugen diese Texte.

Die wurden über vier, fünf Monate in eine Mappe gelegt: »Eigene Texte«. »Eigen?« frage ich mich heute. Schon. Nichts Fremdbestimmtes ist in diesen Äußerungen, aber nicht wenige von ihnen wurden mir abverlangt. Und sie sind nur Zeichen, Signale, die man gerade noch geben konnte, während man in den reißenden Strom hineingezogen wurde, der damals, vor wenigen Wochen, unser Leben war. Ihn zu beschreiben, kann ich mir nicht vornehmen. Ich behelfe mich mit einer subjektiven Chronik der jüngst vergangenen Ereignisse.

Die Rede in der Westberliner Akademie der Künste – als Beitrag für ein Podium zum 50. Jahrestag des deutschen Überfalls auf Polen gedacht – nahm ich zum Anlaß, die wachsenden Widersprüche in der DDR zu benennen, die ich dort nicht hätte publik machen können. Briefe, Anrufe gaben mir die Sicherheit, daß viele Menschen bei uns tief beunruhigt auf eine öffentliche Darstellung des wahren Sachverhalts warteten. Man wird sich kaum noch erinnern, daß es noch im Februar des vergangenen Jahres undenkbar war, über die Nachrichtenagentur der DDR einen Text des P.E.N.-Zentrums / DDR zu verbreiten, der sich für die Freilassung von Václav Havel einsetzte und der, so hoffe ich, unserem P.E.N.-Zentrum seine Integrität bewahrte. Man wird kaum noch wahrhaben wollen, daß es noch am 14. September 1989 im Berliner Schriftstellerverband eine zähe mehrstündige Diskussion um einen Resolutionsvorschlag gab – den wir, die ihn entworfen hatten, eigentlich als zu lasch empfanden –, weil er nicht nur ans Polit-Büro, sondern auch an die Nachrichtenagentur ADN gehen sollte: dies wurde von einigen Verbandsfunktionären als Provokation betrachtet.

Den ganzen September über wuchs unsere Sorge vor einer gewalttätigen Konfrontation der lernunfähigen Staatsmacht mit den Gruppen von Menschen, die sich schon lange sammelten, die nun begannen, sich zur Opposition zu formieren und auf die Straße zu gehen. Das Neue Forum wagte sich heraus und wurde sofort kriminalisiert. Der Zulauf, den es fand, signalisierte das Ende der Geduld vieler Menschen. Der vierzigste Jahrestag der DDR stand ins Haus – mit internationaler Beteiligung und großem Tamtam. Berlin war noch stärker und auffälliger abgesichert als sonst bei ähnlichen Anlässen. Die Spannung wuchs spürbar.

In der Nacht vom 7. auf den 8. Oktober kam ich nach einem Treffen mit Kolleginnen zufällig nicht über die Schönhauser Allee nach Hause, nicht an der Gethsemanekirche vorbei und geriet nicht in die Absperrungen der Polizeiketten. Ich wurde mit der Nachricht empfangen, in der Innenstadt sei es zu Straßenschlachten gekommen. War dies die gefürchtete Gewalt-aktion der Sicherheitskräfte, die jede oppositionelle Regung er-sticken sollte?

Aber am 8. Oktober standen wieder Menschen mit Kerzen vor der Gethsemanekirche. Wir sahen sie, als wir vorbeifuh-ren, um bei der Generalstaatsanwaltschaft in der Littenstraße und beim Polizeipräsidium in der Keibelstraße nach dem Ver-bleib unserer Tochter zu forschen, die mit vielen anderen in der Nacht festgenommen worden war. Ein Freund brachte den ersten Augenzeugenbericht. Es war Sonntag, wir standen vor geschlossenen Türen. Übrigens findet man es selber abge-schmackt, wenn einem Kafka einfällt angesichts der hohen eisernen Tore, hinter denen höchstens eine verzerrte Stimme aus der Gegensprechanlage nach dem Begehr fragt. Wir liefen an der Kolonne geparkter Einsatzfahrzeuge der Polizei vorbei – LKWs mit martialischen, rot-weiß gestreiften Räumschildern vorne aufmontiert –, in denen die jungen Polizisten und Offi-ziere, müde vom Nachtdienst, mit dem Kopf auf dem Lenkrad dösten oder schliefen – Bilder, die eine sehr ferne Erinnerung an einen Kriegsbeginn in mir auslösten. Ein Polizeirevier war besetzt, aber nicht zuständig. Von »Zuführungen« war nichts bekannt, soweit sie aber erfolgt seien, seien sie rechtens ge-wesen. Nur der uniformierte Junge im Wachhäuschen an der Ecke des riesigen Gebäudekomplexes sagte leise, die seien doch alle schon wieder abtransportiert.

Meine Tochter, inzwischen entlassen, wollte durchs Telefon nur Stichworte geben: Lastauto, Polizeirevier, Garage. So war das Wort »schlimm« noch nicht mit seinem ganzen Inhalt aus-gefüllt, als ich zu dem verabredeten Gespräch mit Gerhard Rein nach West-Berlin fahren mußte. Einige Freunde vom Neuen Forum hatten mir nahegelegt, eine Gelegenheit zu su-chen, um ihre Ziele öffentlich zu vertreten, gegen ihre Krimi-nalisierung zu sprechen und, vor allem, vor Gewaltanwendung in Leipzig zu warnen, wo ja am nächsten Tag nach dem Frie-densgebet in der Nicolaikirche wieder eine Menschenmenge auf der Straße sein würde. »Besonnenheit« von beiden Seiten sollte das Stichwort sein. Ich stand unter starkem Druck. Ein Vermittlungsversuch in der entstandenen Lage war prekär, aber ich hielt ein Blutbad für möglich, ich wollte eine, wenn auch minimale Chance nutzen, um zu vermitteln. – Das Gespräch, für das Gerhard Rein, seit langem vertraut mit der Problematik der DDR, mir ein einfühlsamer Partner war, lief noch am gleichen Abend, dann immer wieder am nächsten Tag über westliche Sender, die Zahl der Anrufe und Briefe nahm zu.

Ich mußte an dem entscheidenden 9. Oktober nach Moskau fliegen. Wenn ich jenes Gespräch heute wieder lese, sehe ich kaum denkbare Erwartungen darin artikuliert, die sich merkwürdig genau erfüllten: vom Dialog aller gesellschaftlichen Kräfte miteinander, vom Runden Tisch, von der Medienfreiheit. Daneben eklatante Irrtümer und Fehleinschätzungen: zum Beispiel die, daß das neue, im Widerstand entwickelte Selbstbewußtsein der DDR-Bürger in Zukunft dem einschüchternden Selbstbewußtsein vieler Bundesbürger standhalten könnte; da hatte ich vorschnell von den Menschen, die ich kannte und in jenen Wochen in großer Zahl neu kennenlernte, auf alle anderen geschlossen, und ich hatte auch die Breite der bewußten Widerstandsbewegung überschätzt. Es wäre eine eigene Untersuchung wert, was eigentlich vor und nach der sogenannten Wende vielen Bürgern in der DDR das Selbstwertgefühl, ihren Stolz, ihre Würde reduziert oder genommen hat. »Wir sind das Volk« – ein kurzer geschichtlicher Augenblick, in dem das Volk, seiner Identität anscheinend gewiß, Souverän und Subjekt seiner eigenen Geschichte war. »Wir sind *ein* Volk!« – wäre das wirklich die Steigerungsform?

Es wird mir nicht gelingen, die Untertexte zu den Texten dieses Bandes durchschimmern zu lassen oder die Zustände zu beschreiben, die sie hervorbrachten. Euphorie wird man in ihnen nicht finden, und ich habe auch keine Euphorie erlebt. Erleichterung, ja, die habe ich erfahren, unvergeßlich am späten Abend des 9. Oktober in meinem Moskauer Hotelzimmer, als ich, auf das Schlimmste gefaßt, nach Leipzig fragte, durchs Telefon die Antwort bekam: Hunderttausend Demonstranten auf der Straße, und nichts ist passiert. Ein Augenblick reinen Glücks. Unvergeßlich auch die Minuten in der Abflughalle von Tscheremedjewo, sechs Tage später. Ich hatte die Nachricht vom gewaltlosen Verlauf der Leipziger Demonstration an die Mitglieder des Hallenser Madrigalchores weitergeben können, die im fernen Ufa böse Gerüchte über die Leipziger Ereignisse gehört hatten und nun, in ihrer Freude, unter den Hunderten von Fluggästen in dieser Abflughalle konzentriert und, wie ich fand, ergreifend sangen: »O Täler weit, o Höhen.« Sehr deutsch, sicherlich. Doch die große westdeutsche Reisegruppe, die erstaunt und anerkennend applaudierte, konnte nicht ahnen, warum diese jungen Leute aus der DDR jetzt singen mußten.

Danach geriet ich mit in den Zeitraffer. In den Strudel von Versammlungen, Beratungen, Resolutionen, Meetings, Verlautbarungen, Demonstrationen, in denen wir, überfordert natürlich, versuchen mußten, die Übel des alten Systems mit aller Schärfe zu benennen, aufzudecken und doch gleichzeitig Züge an uns selbst und den anderen zu finden und zu entwickeln, die uns weiterhelfen konnten. Wir gerieten auch in die Fallen der begründeten und in die der künstlich erzeugten Ängste – schon fällt es mir schwer, mich in jene Wochen zurückzuversetzen, in denen wir von einem auf den anderen Tag mit gewalttätigen Auseinandersetzungen rechneten, und in denen uns immer wieder von verschiedenen Seiten beschwörend vorgehalten wurde, was dies, nicht nur innenpolitisch, bedeuten müßte. Ich kann das, obwohl es sich lohnen würde, im einzelnen nicht schildern, aber ich gewöhnte mich daran, Mitwirkende in einer Art von Politkrimi zu sein und die abenteuerlichsten Telefonate zu führen, ohne mich noch groß darüber zu verwundern. Das Wort »Normalität« hatte seinen Sinn von Grund auf verändert.

Zum Beispiel der 4. November – die große Demonstration

der Berliner auf dem Alexanderplatz. Sie war ja von Künstlern ursprünglich als normale Demonstration für Kunst- und Pressefreiheit gedacht, ordnungsgemäß angemeldet und von der Behörde höflich genehmigt worden. (»Sicherheitspartnerschaft« – zum erstenmal dieses Wort.) Aber sie wuchs den Veranstaltern unter den Händen, geriet aus allen Fugen, niemand wußte, ob sie noch zu bändigen sein würde, gefragt war das Durchstehvermögen der Angstvollen, ihren Anforderungen konnte man sich nicht entziehen. Mein Name stand schon auf einer Rednerliste, ich sollte über »Sprache der Wende« sprechen, begann also, Sprüche und Losungen von den Bekundungen der Straße zu sammeln (bei der Gelegenheit: auch der »Wendehals« ist nicht meine Erfindung), sorgte mich mit um den friedlichen Ablauf der Demonstration; die noch intakte Staatssicherheit hatte jede Verantwortung abgelehnt, verbreitete aber die Version, Demonstranten würden das Brandenburger Tor stürmen wollen: Für diesen Fall, doch das wußten wir am 4. November zum Glück noch nicht, waren die erforderlichen Maßnahmen eingeleitet. So daß es vorkam – später erfuhr man solche Geschichten –, daß der eine Sohn einer Mutter als Angehöriger der Volksarmee mit scharfer Munition in Bereitschaft versteckt lag, während ihr anderer Sohn nicht weit von seinem Bruder auf der Straße demonstrierte.

Am Vorabend war die Stadt voller Gerüchte: In der Republik seien eine Million Fahrkarten für Berlin verkauft worden; Züge mit undefinierbaren »Demonstranten« in Arbeitermontur seien in Richtung Hauptstadt in Bewegung gesetzt: Wenn die alle zu den Berliner Demonstranten dazukämen ... Alarmiert durch Warnungen, feilte ich in der Nacht noch einmal an meinem Redetext, um jede provozierende Wirkung auszuschließen. Und erst am Morgen, als wir, zu früh unterwegs, durch die noch leeren Straßen der Innenstadt gingen und uns paarweise die ruhigen, freundlichen Ordner entgegenkamen (viele Kollegen aus den Theatern darunter), mit ihren orangegrünen Schärpen und der Aufschrift: »Keine Gewalt!« – erst da wurde ich ruhig. Dies war mein schönster Augenblick an diesem 4. November, von dem viele Menschen heute sprechen wie von einer glückhaften, kaum noch glaublichen Erinnerung an die Vorzeit.

Am 21. November beendete ich in Leipzig an der Karl-Marx-Universität eine Vorlesung mit dem Satz: Der Fortgang der revolutionären Veränderungen in unserem Land sei ja, wie ich wüßte, bei den Leipzigern in guten Händen. Sofort wurde ich von Zuhörern korrigiert. Am Montag der gleichen Woche hatte sich der Charakter der Demonstrationen in dieser Stadt verändert – ein Indikator für den Stimmungs- und Meinungsumschlag, der dann in anderen Städten folgte: »Deutschland einig Vaterland«. Die Gründe dafür lassen sich nennen, man wird in den Texten ein paar Benennungsversuche finden. Damals standen die Leipziger, mit denen ich sprach, wie unter einem Schock und baten um Unterstützung. Sie suchten nach einer Möglichkeit, ihre Ansicht zu äußern, da sie es auf der Straße nicht mehr konnten. Zur gleichen Zeit erhielt ich erste Briefe von mir unbekannten westdeutschen Lesern, die eindringlich warnten vor kapitalkräftigen Bundesbürgern, die schon nach Wegen suchten, Grund und Boden in der DDR aufzukaufen.

Diese beiden Anstöße bewogen mich, schließlich an dem Aufruf »Für unser Land« mitzuarbeiten, obwohl ich im stillen befürchtete, es sei dafür schon zu spät. Es *war* zu spät. Am gleichen Abend verkündete der Bundeskanzler sein 10-Punkte-Programm zur deutschen Wiedervereinigung – dies hatten wir nicht voraussehen können. Der Aufruf kam in die Zeit der Enthüllungen über das Ausmaß des Machtmißbrauchs, über den wahren Zustand der Ökonomie, der Altstädte, der Umweltverschmutzung, in die Zeit, in der viele DDR-Bürger zum erstenmal die Städte, die Konsummöglichkeiten im anderen Teil Deutschlands sehen konnten. Die Kritiker hatten recht: Für viele war das Wort »sozialistisch« zerschlissen, nach stundenlanger Diskussion hatten wir es, natürlich neu definiert, ein einziges Mal in unseren Text aufgenommen, als »sozialistische Alternative«; es machte viele wütend und aggressiv, sie fürchteten wohl auch, ein einziges solches Wort könnte die dringend notwendige Finanzhilfe aus der Bundesrepublik verzögern. Sie wollten selbst nicht noch einmal an einem Experiment teilnehmen, lieber offensichtlich Bewährtes übernehmen. Der Stapel mit Zuschriften zu unserer Initiative wuchs hoch auf meinem Schreibtisch – interessanterweise rieben sich die Schreiber nur an einigen bekannten Namen aus der langen Unterschriftenliste; man stieß sich auch an dem »Entweder-Oder«, es war vielen zu simpel, das sah ich ein. So einfach war die Alternative, vor der wir standen, wohl nicht zu fassen. Gestern kam der erste Brief von einer Frau, die sich und mich fragte, ob wir nicht jetzt vielleicht doch bei dem »Oder« angelangt seien?

Neben diesem Briefstapel wuchs unaufhaltsam ein anderer, mit Antworten zunächst auf den einen, dann auf den anderen der beiden Artikel, die ich in der »Wochenpost« veröffentlicht hatte. Aus diesen fast dreihundert Briefen lernte ich viel über die Verfassung meiner Landsleute.* Wie hatte ich denken können, Unterdrückte – Lehrer zum Beispiel – würden ihre Befreiung von dieser Unterdrückung als Beglückung erleben: Sie litten und leiden unter ihren psychischen Nachwirkungen, leugneten sie lieber, als sich ihnen zu stellen, und wehrten sich gegen eine Stimme, die ihnen diese Leiden zuzufügen schien, wie sie sich gegen ihre Unterdrücker nie gewehrt hatten. – Ich begann etwas mehr zu begreifen von den Ursprüngen des Hasses, der Rachebedürfnisse, die nun auf den Straßen hinausgeschrien wurden. Auch vielleicht etwas mehr über die unbewußten Motive hinter den vordergründig materiellen für den plötzlichen Wiedervereinigungsfuror, etwas mehr wohl auch über die unbewußten Antriebe derer, die weiterhin das Land verließen und verlassen: Eine schwer beschädigte Identität will sich

---

* Die meisten dieser Briefe werden unter dem Titel: »Angepaßt oder mündig?« im Verlag Volk und Wissen veröffentlicht.

an einer wirklich oder scheinbar intakten halten und stärken. Ein Appell, hierzubleiben, mir aufgetragen von den Bürgerbewegungen, die immer noch aus dem eigenen Land heraus Veränderungen bewirken wollten, mußte ins Leere gehen.

Er wirkt heute – wie übrigens vieles aus jenen Tagen – naiv. Dies war noch die Zeit für Gutgläubigkeit, Unerfahrenheit, für Illusionen. Auch das werden wir nach und nach vergessen, vielleicht vergessen wollen. Wie aufgewühlt die Menschen waren, wie unpassend und regelwidrig sie sich verhielten. Daß einem wildfremde Menschen auf der Straße zulächelten, daß man von Konsumverkäuferinnen in Diskussionen über Stadt- und Staatsangelegenheiten verwickelt werden konnte, als befänden wir uns in Brechts Stück von der Pariser Kommune. Man fing schon an, das für normal zu halten. (Aber auch die vielen psychisch aus der Bahn Geworfenen mit ihren umfangreichen Heils- und Rettungsplänen, für die jetzt endlich die Zeit gekommen schien – noch ein großer Papierstapel; oder jene anderen, die einem unter strengen Sicherheitsvorkehrungen Geheimwissen über Staats- und Wirtschaftsangelegenheiten anvertrauen mußten und einen zwingen konnten, winzige Zettel mit ohnehin unverständlichen Informationen vor ihren Augen in noch winzigere Stücke zu zerreißen und in den Abfalleimer zu werfen . . .)

Während, als wöchentliche Konstante, jene Untersuchungskommission zu arbeiten begonnen hatte, welche die Vorgänge am 7. und 8. Oktober in Berlin aufzuklären versucht und die ja auch ich immer wieder gefordert hatte. »Eine Schule der Demokratie?« Doch, für mich ist sie es. Drei Dutzend Leute aus allen politischen Richtungen, auf unterschiedliche Weise und in unterschiedlichem Grad selbst beteiligt an Strukturen des alten Systems oder, im Gegenteil, schon länger bewußt dagegen stehend, mit unterschiedlichen Konsequenzen – fast vierzig Menschen, die wir uns am Anfang schwer miteinander taten und gelernt haben, ohne Vorbehalt miteinander zu arbeiten, uns gegenseitig zu schätzen und zu stützen, um das auszuhalten, was wir zutage fördern (das »wahre Gesicht der Macht«), und um in der allgemeinen Krise, die uns alle erfaßt hat, wenigstens für diese Arbeit stabil zu bleiben. Eine Hoffnung für die Zukunft läge darin, daß derartige Modelle, wie solche Kommissionen sie entwickelt haben, nicht sofort durch den alles dominierenden Zwang nach wirtschaftlicher Effizienz weggewischt werden. – Mich hat in diesen Monaten gerettet die vielfältige Begegnung mit den Betroffenen der Polizeiaktionen, den meistens sehr jungen Leuten, ihre Schlichtheit und Menschlichkeit. Ihre Gedächtnisprotokolle werden als einzigartiges Dokument erscheinen.

So wuchs ein vierter hoher Papierstapel auf meinem Tisch. Dafür – monatelang kein Buch, keine Musik, kein Theater. Nur Zeitungen, die Flut der Briefe, aktuelle Fernsehberichte. Seelischer Ausnahmezustand.

Inzwischen mehren sich die Anzeichen, daß diese Phase meines Lebens abgeschlossen ist. Ich kann über sie, nicht ohne Selbstironie, schon aus einer gewissen Entfernung berichten. Die Veränderungen verändern sich bereits wieder, mit einem Teil der Veränderer. Es gilt, auf den Boden der Tatsachen zu kommen, nur daß es eben ein ganz anderer Boden ist. Das fordert manchem manches Kunststück ab, doch lieber jetzt ein wenig springen und hangeln, als dann, sehr bald, von den machtvollen neuen Realitäten abgehängt zu sein. Wiederum haben viele Leute Angst, aber es sind andere Ängste, zum Teil sind es auch andere Leute. Schon gehört wieder Mut dazu, gewisse Ansichten öffentlich zu äußern, zum Teil sind es die gleichen Ansichten, die man auch früher nicht äußern sollte, zum Teil sind es ganz andere. Nun kommen die ersten Briefe – die aber nicht zum Stapel anwachsen werden –: Warum sagen Sie nichts dazu?

Das Wort haben jetzt die Politiker und die Wirtschaftsleute. Das Wort haben wieder die Parteien, aber es sind, zum Teil, andere Parteien als vorher, zum Teil, die Vereinigung vorwegnehmend, Spiegelbildparteien zu denen in der Bundesrepublik. Sie alle – Politiker, Wirtschaftsmanager, Parteifunktionäre – brauchen für ihre Unternehmungen ein Vaterland, das sehe ich ein. Ein Mutterland ist, wie bisher, nicht in Sicht. Das erste Interview, lange vor dem Herbst 1989 aufgezeichnet, das in diesem Band abgedruckt ist, schließt mit einer Frage: »Merkst du, wie unsere jüngere Geschichte – unsere eigene Lebensgeschichte und die dieses Landes – mit ihren unerledigten Widersprüchen und unausgetragenen Konflikten jetzt dicht unter der Oberfläche zu pochen beginnt? Das könnte interessant werden.« Wenn es nun dieses Gemeinwesen mit seiner Geschichte nicht mehr gibt – die ja, wird man es wahrhaben wollen?, ein Zweig der *deutschen* Geschichte war –: Wird dieses Pochen noch jemanden interessieren? Wird es immer leiser werden, schließlich von selbst aufhören? Ist es auch das, was viele wünschen?

*Februar 1990*

# »Nach Kräften gegen das Unrecht«

*Nachruf auf Erich Fried*

> *Fügungen*
>
> Es heißt
> ein Dichter
> ist einer
> der Worte
> zusammenfügt
>
> Das stimmt nicht
>
> Ein Dichter
> ist einer
> den Worte
> noch halbwegs
> zusammenfügen
>
> wenn er Glück hat
>
> Wenn er Unglück hat
> reißen die Worte
> ihn auseinander
>
> *Erich Fried*

Lieber Erich Fried, wenn einer stirbt, überläßt er den Noch-nicht-Gestorbenen den Vorteil, dem Toten endlich einmal zu sagen, was sie ihm nie gesagt haben, solange er lebte. So hätte einer deiner Texte anfangen können, unter denen ja nicht wenige frivole sind, wie ich mich eben, in deinen Büchern blätternd, wieder überzeugen konnte. Immer dann, wenn die probaten Mittel – Beschwörung, Zorn, Verzweiflung – nichts mehr ausrichten wollten, du dir aber Mutlosigkeit und Resignation nicht erlaubtest; wenn es also ernst wurde, dann wurdest du frivol. »Beginnen wir mit einer vergleichsweise harmlosen Annahme: Sagen wir, wir wollen Konzentrationslager bauen, aber richtige . . .« Nein, Satire würde ich das nicht nennen, die Satire ist eine gut eingeführte, honorige Gattung, sie bezieht sich auf Zustände und Verhältnisse, auch Personen, die zwar spott- und kritikwürdig, womöglich geißelnswert sind, aber eben doch nicht auf, »sagen wir«: Konzentrationslager, für die kein zusammengesetztes Adverb sich ausdenken läßt, das irgend auf -wert oder -würdig enden könnte.

Nein, mit vergleichsweise Harmloserem habe ich leider nicht anfangen können, nicht nur, weil mir dein Bericht »Meine Puppe in Auschwitz«, den ich gerade wieder las, nachgeht, sondern vor allem, weil wir angehalten sind, einem Toten in der gebotenen Kürze dasjenige nachzusagen, was uns an ihm besonders auffiel; was uns zum Kern seiner Person führen kann, an den wir uns, über den Tod hinaus, halten wollen und werden. Und da glaube ich, daß der nicht nachlassende Schmerz, den eine unheilbare Wunde hervorruft, dich geschaffen hat. Der Terror, den der Einmarsch der deutschen Truppen in deine Heimatstadt Wien 1938 auch über deine jüdische Familie brachte, der deinen Vater fast sofort, deine Großmutter wenige Jahre später tötete, dieser Terror hat den behüteten, sensiblen, nachdenklichen Siebzehnjährigen zu einem Mann gemacht, in dem Güte und Unerbittlichkeit eine Verbindung eingingen, die mich fast bestürzte. Das Unrecht, am eigenen Leib erfahren, hat dir das absolute Gehör verliehen für alle Zeichen und Klopfzeichen, Töne und Untertöne jener, die irgendwo auf der Welt Unrecht litten, und mit absoluter Sicherheit hast du, dichtend und handelnd – das konntest und wolltest du niemals trennen – rücksichtslos gegen dich selbst darauf reagiert. Doch »rücksichtslos gegen dich selbst« hätte ich nicht schreiben sollen, denn alles, was du »nach Kräften gegen das Unrecht« unternahmst – die unaufzählbaren Hilfeleistungen für Andersdenkende, für Verfolgte, Unterdrückte, Zensurierte, Eingesperrte, Asylsuchende; die Protestbriefe, -artikel und -reden; die Auftritte vor Gericht; und, vor allem, möchte ich sagen, die große Zahl deiner Gedichte und Prosastücke, in denen du, Unrecht beschreibend, seinen Ursachen nachspürst: dies alles tatest du ja gerade mit Rücksicht auf dich selbst, mit Rücksicht auf die Bedürfnisse des moralischen Wesens, das jeder Mensch ist und das die meisten ganz oder teilweise zu unterdrücken gelernt haben, während es dir keine Ruhe gab, dir nicht erlaubte, dich taub zu stellen, auch dann nicht, gerade dann nicht, wenn die Stimme deines »überempfindlichen« Gewissens von dir forderte, auch die eigenen Leute schonungslos zu kritisieren.

Ruhe hast du so natürlich nicht gefunden, Anfeindungen waren dir immer sicher, daß du verschiedene Seiten durch dein unorthodoxes Verhalten schockieren würdest – zum Beispiel, wenn du bereit warst, auch mit denen menschlich zu sprechen, die die erklärten Feinde von deinesgleichen, unseresgleichen waren –, darauf konntest du bauen. Nichts wirkt provozierender auf die auf Feindbilder Angewiesenen als jener Grenzgänger, der es fertigbringt, dem anderen, dem »Bösen« menschliche Züge abzugewinnen. Nichts hat dich so belebt – ja, ich bleibe bei dem Wort, obwohl der Vorgang in deine lange Krankheitszeit fiel – wie die Aussicht auf ein Aufbrechen der versteinerten Fronten, die sich uns in den letzten Jahren eröffnete. Da hast du deine Intensität, dein Tempo, den Ton deiner Mahnungen und Zureden noch gesteigert – ach, Erich, du wolltest die Welt retten, ich weiß noch, wie du mich am Ärmel packtest, um mich von dieser Notwendigkeit zu überzeugen. Nein, nein, du warst kein weltfremder Phantast. Du hast dich »nur«, ungeschützt wie in allem, was du tatest, in das Innere der Schrecken hineingedacht und -gefühlt, in deren Schatten wir alle leben, und da hast du kein anderes Mittel dagegen mehr gewußt (es gibt kein anderes, aber wer hält das aus?), als dich mit Haut und Haaren dieser Macht entgegenzuwerfen.

Die Botschaft, die du mit dir führtest, warst du selbst. Ein mühsam an einem Stock gehender Mensch, mit schwerfälligem Körper und einem Kopf mit beharrlichen Augen, mit diesen um ihn schlotternden Kleidern, dieser an einem Riemen über die Schulter getragenen urtümlichen, prall gefüllten Aktentasche. Ein Mann, der immer von einer Veranstaltung kam und zu einer anderen unterwegs war, andauernd in ein eindringliches Gespräch vertieft – er kannte jeden, jeder schien ihn zu kennen – oder in einer Ecke hockte und etwas auf ein Stück Papier kritzelte; der, scheinbar unerschöpfbar, exzessiv seine Gedichte vortrug – keine Ahnung, wann er schlief – und alljährlich Gedicht- und Prosabände publizierte. Der sich auf alles und alle einließ, sich nicht schonte, nicht aufsparte, weder für ein Werk noch für ein auf sich selbst konzentriertes Leben.

Wie falsch wäre es, dich für naiv und arglos zu halten. In dir muß ein andauernder komplizierter Dialog zwischen verschiedenen Teilen deiner Person in Gang gewesen sein, Teilstücke dieses gewiß anstrengenden Selbstgesprächs hast du wie unter Diktat aufgeschrieben, auch, um dich zu befreien, auch, um uns in deinen inneren Dialog hineinzuziehen, als Zeugen und Mitredner. Um auch uns den Fragen zu stellen, denen du ausgeliefert warst, und für die ich hier, leider, nur ein Beispiel anführen kann: »Worte schreiben / nach denen man / nicht weiter / leben kann wie bisher / und dann doch weiterleben / fast wie bisher / Ist das Mut / oder waren es Lügen?« Wenn einer, hast du es gewußt, welche Fragen man an sich selbst richten muß, ehe man eine einzige Frage an andere richten darf. Nein, die Kränkung tue ich dir nicht an, dem Lebenden nicht und nicht dem Toten, daß ich dich über deine peinvollen Selbstbefragungen hinwegtröste mit der Versicherung: Aber du, gerade du hättest es nicht nötig gehabt, dich so zu zermartern. Ich werde dir deine Lebensfragen nicht in Scheinfragen umlügen: Auch du hast sie nötig gehabt, auch du hattest Anlaß, dich nach den tiefsten Gründen für das, was du tatest und nicht tatest, zu erforschen, dich der Einsicht in die verborgenen Motive deines Schreibens immer neu auszusetzen. Und diese Schrecken nicht zu fürchten, das ist der eigentliche moralische Mut, von dir kann man ihn lernen. Nicht arglos, ganz bewußt hast du deine Angst, deine Verzweiflung, deine Irrtümer, Fehler und Unvollkommenheiten zu den unseren gelegt. Wer sie bloßstellen, angreifen, aufspießen wollte, konnte es tun und hat es getan. Wir aber mögen uns stärken sogar an den Schwächen eines klugen, mutigen und integren Menschen, der unser Zeitgenosse ist.

*November 1988*

Bericht

Denen ich Mut machen wollte
klang meine Stimme unecht
Vielleicht hatte ich nur mir selbst
Mut machen wollen

Das ging nicht mehr:
Ich sah meine eigene Angst
und war verzweifelt
weil ich verzweifelt war

Mir blieb keine Wahl als zu sprechen
von dieser Verzweiflung
Ich war zu voll von ihr
um sie zu verschweigen

Einige hörten zu
die noch vor Tagen
meine Ermutigungen
nicht angehört hatten

Denen ich helfen wollte
mit meinem Mut
helfe ich vielleicht
mit meiner Verzweiflung

*Erich Fried*

# Unerledigte Widersprüche

*Gespräch mit Therese Hörnigk*

THERESE HÖRNIGK Bei Franz Fühmann habe ich gelesen, daß die Lebenserfahrung eines Autors Substrat seiner Dichtung sei. Das meint doch auch, die Biographie eines Autors gibt wesentlichen Aufschluß über die dichterischen Äußerungen, was ja nicht bedeutet, daß das erzählte Leben dem äußeren entspräche, wie ein Bericht einem Sachverhalt. Andererseits liegt natürlich immer eine gewisse Verführung darin, Biographisches aus den Werken »abzuziehen«. Kann man beispielsweise *Kindheitsmuster* Authentisches entnehmen?

CHRISTA WOLF Das kann man; ich sage das, obwohl ich damit der weit verbreiteten Gewohnheit Vorschub leiste, Autorenleben und Buch für deckungsgleich zu halten. Das Milieu, das ich in *Kindheitsmuster* beschrieben habe, ist authentisch, die äußeren Umstände, unter denen ich aufgewachsen bin, kann man schon daraus »abziehen«. Ich denke ja übrigens, daß auch die Personen in einem literarischen Sinn »authentisch« sind – was aber eben nicht heißt, daß sie genau so waren, wie ich sie beschrieben habe; nicht nur, daß ich vieles erfunden habe: Der Blick eines Kindes und sehr jungen Mädchens prägt auch Erinnerungen, die zwar vielleicht besonders deutlich und scharf sind, aber doch nicht allen Verzweigungen in der Welt der Erwachsenen gerecht werden. Ich habe das an manchen Reaktionen nach dem Erscheinen des Buches zu spüren bekommen. Ich mußte erfahren und begreifen lernen, daß nicht jeder, der sich durch eine Darstellung betroffen fühlt, einem Autor zubilligen kann, daß er *seine* Verarbeitung zum Beispiel seiner Kindheit geben mußte.

Aber ich glaube, deine Frage greift noch etwas tiefer, gerade, weil du Fühmann zitierst. Dieses »Substrat«, der Nährboden, die Grundlage einer Biographie, etwas wirklich Entscheidendes für einen Autor, meint doch nicht nur, nicht einmal in erster Linie, den Stoff, den das Leben einem zugeführt, oft aufgezwungen hat; es meint auch die Verarbeitungsart von Erfahrungen – jenen geheimnisvollen, nicht genug zu bestaunenden Vorgang, der aus einem Erlebnis erst eine Erfahrung macht, und zwar, je nach Beschaffenheit des psychischen »Apparats«, aus ganz ähnlichen Erlebnissen bei verschiedenen Menschen ganz unterschiedliche Erfahrungen. Autoren, die ich für »authentisch« halte, müssen ihre andauernde innere Auseinandersetzung mit der Bildung, Verfestigung, Wiederauflösung und Infragestellung von Erfahrung ausdrücken. Jemand, der nicht anders als schreibend existieren kann, macht die vielleicht wichtigsten Erfahrungen mit sich selbst, indem er schreibt – gleichgültig, worüber er gerade schreibt. Wenn ich *Kindheitsmuster* heute noch einmal schreiben wollte, sollte oder müßte – wozu ich keinen Anlaß sehe –, würde es ein anderes Buch werden. Meine Kindheit hat sich in mir inzwischen weiter verändert, sie wird komplizierter, auch mächtiger und bestimmender, ich weiß gar nicht, ob ich der Aufgabe, sie zu beschreiben, heute noch gewachsen wäre. Ich hätte wahrscheinlich zu starke Skrupel.

HÖRNIGK Gibt es Kindheitserfahrungen, die für deine Einstellung zum Leben prägend geworden sind, die sich für die individuelle Entwicklung als manifest erwiesen haben?

WOLF Das ist eine Frage, die mir selbst immer wichtiger wird. Ich denke in den letzten Jahren mehr darüber nach als früher, da es mir – ich könnte auch sagen: uns, den Angehörigen meiner Generation – unzweifelhaft zu sein schien, daß wir gerade jene Kindheitsprägungen, vor denen wir dann erschraken, »überwunden« hatten. Wie wir überhaupt wenig über die Gesetze der psychischen Entwicklung wußten, wußten wir auch kaum etwas über die entscheidende Bedeutung der frühen Jahre im Leben eines Menschen, in denen Grundmuster angelegt werden, Strukturen, die wirksam bleiben, auch wenn die Inhalte des bewußten Seins sich verändern. Wir haben, auch in der Literatur, zu lange nur von *Inhalten* gesprochen, zu wenig über *Strukturen* nachgedacht. Nehmen wir, ein für meine Generation sehr auffälliges Merkmal, die Abhängigkeit von Autorität, die in unserer Kindheit als Autoritätshörigkeit gesetzt wurde; die wir in eine andere Gesellschaft mit hinübergenommen haben (von der sie, nebenbei gesagt, sehr gefördert wurde), und von der sich, soviel ich sehen kann, gar nicht so viele Generationsgenossen wirklich frei machen konnten. Schreiben, wenn man es als Selbstbefragung betreibt, kann da eine Hilfe sein, ähnlich einer gründlichen Therapie, sich dieser Einschränkung durch Autoritätsgläubigkeit zunächst bewußt zu werden und dann, in einem jahrelangen, schmerzhaften Prozeß, die Angst loszuwerden, die einer echten inneren Freiheit entgegensteht.

Meine Generation hat früh eine Ideologie gegen eine andere ausgetauscht, sie ist spät, zögernd, teilweise gar nicht erwachsen geworden, will sagen: reif, autonom. Daher kommen ihre – unsere Schwierigkeiten mit den Jüngeren. Da ist eine große Unsicherheit, weil die eigene Ablösung von ideologischen Setzungen, intensiven Bindungen an festgelegte Strukturen so wenig gelungen ist, die Jungen so wenig selbständiges Denken und Handeln sehen und daher keine Leitfiguren finden, auf die sie sich verlassen können. So holt uns, im Verhältnis zu den Jungen, unsere nicht genügend verarbeitete Kindheit wieder ein.

HÖRNIGK Können sich deiner Meinung nach durch Schreiben, das heißt durch den Prozeß der Selbsterforschung, auch Persönlichkeitsstrukturen ändern, die angelegt oder durch Milieu bestimmt sind?

WOLF Sicher kann man nichts erzeugen, was nicht da ist. Aber in allen Menschen ist mehr »da«, als sie selbst oder ihre Umgebung wissen, denn alle Gesellschaften, die ich kenne, schränken die Anlagen eines Kindes stark ein, akzentuieren dafür gewisse erwünschte Eigenschaften und Verhaltensweisen. Aber ich glaube – aus eigener Erfahrung, und vielleicht im Gegensatz zu manchen Psychologen –, daß wir modulationsfähig bleiben, daß eine Kindheit, die uns starre Muster aufgedrückt hat, nicht unkorrigierbar ist (anders als eine Kindheit ohne Liebe), daß eine andauernde Wachheit gegenüber Warnsignalen, die aus unserer Umgebung oder aus uns selbst kommen – eine Krankheit zum Beispiel – und der andauernde Versuch, den schmerzhaften Punkten im Schreiben nicht auszuweichen, allmählich eine Veränderung bewirken können, im Sinne von: offener, selbständiger, angstfreier, toleranter werden. Daß man – auch ich – es lernen mußte, gewisse früher verpönte Gefühle zuzulassen, zum Beispiel Trauer. Ich erinnere an die fünfziger und die frühen sechziger Jahre. Als *Nachdenken über Christa T.* erschien, gab es in der ernstzunehmenden Kritik (die neben der bestellten, politisch sich entrüstenden erschien) ein großes Erschrecken darüber, daß heutzutage jemand traurig sein und das auch noch zeigen konnte. Es war die Zeit des großen öffentlichen Optimismus. Mir war diese Trauer beim Schreiben zwar bewußt gewesen, weil ich sie ja eben schreibend verarbeitete, doch hatte ich mir nicht klargemacht, auf wieviel Widerstand sie stoßen mußte; aber diese Kritik, die mich zuerst sehr traf, half mir dann, mich zu dieser Trauer um den Verlust eines Menschen und um den Verlust derjenigen Teile meiner selbst, die diesem Menschen nahe waren oder es hätten sein können, zu bekennen. Denn dies war ja der eigentliche Verlust, den ich in diesem Buch beklagte, und dadurch habe ich diese Anteile in mir erhalten können oder wieder zum Leben erweckt.

HÖRNIGK Es ist ja merkwürdig, daß eine bestimmte Art von kritischen Einwänden sich immer wiederholt. Das hängt natürlich auch mit den Strukturen deiner Prosa zusammen. Beispielsweise finde ich dieselben Einwände, wie sie zum *Nachdenken über Christa T.* erhoben wurden, bei *Kassandra* wieder. Sie basieren auf der Annahme, daß Trauer, oder in diesem Fall Katastrophenvorhersage, lähmend wirken könne und nicht imstande wäre, Kräfte freizusetzen, die gegen Resignation anarbeiten könnten.

WOLF Ja, es ist merkwürdig, daß Menschen, die in ihrer Theorie gerade von der Veränderbarkeit der Verhältnisse und des Menschen ausgehen, in der Praxis dann so wenig Zutrauen haben, daß Menschen durch die Einsicht in ihre reale Lage wirklich aktiviert werden können. – Unsere Kultur hat, seit ihrem Beginn, auch – manche sagen: hauptsächlich, oder ausschließlich – als Abwehrsystem gegen Todesangst gewirkt. Dies wird mir, je älter ich werde, um so verständlicher. Das Bedürfnis, die Angst vor dem Tod abzuwehren, ist groß, und es bleibt weitgehend unbefriedigt in einer Zeit, da die Versprechungen eines ewigen Lebens durch die Religionen an den meisten Menschen vorbeigehen. Gefährlich wird es, wenn mit der *Angst* vor dem Tod die *Realität* des Todes mit verdrängt wird und mit dieser Realität immer mehr Realitäten, die zu ihr in einem Bezug stehen: heutzutage die reale Gefahr einer Weltkatastrophe. Die Abwehr vieler richtet sich dann nicht gegen diejenigen Menschen, Schichten und Gruppen, die diese Gefahr heraufbeschwören; auch nicht gegen die eigenen Verhaltensweisen, die sie befördern, sondern eben gegen die, die sie benennen.

HÖRNIGK Ich will doch noch einmal zu dem Problem der von dir erwähnten Autoritätshörigkeit deiner Generation und ihrer Furcht vor der Andersartigkeit der Jüngeren zurückkommen. Meinst du, dies ist eine Besonderheit deiner Generation, der um 1930 Geborenen, also derer, die den deutschen Faschismus noch bewußt erlebt haben, dann übergangslos in die neue Gesellschaft hineingekommen und da sehr früh mit bestimmten Verantwortungen betraut worden sind? Gehört nicht ein guter Teil dieser Erscheinungen zum üblichen Ablösungsprozeß einer Generation von der vorangegangenen, der sich in allen Gesellschaften vollzieht?

WOLF Ich gebe dir recht: In den letzten hundertfünfzig Jahren der Industriegesellschaften, da eine sich überstürzende technische Entwicklung die Erfahrungen einer Generation für die nächste scheinbar oder wirklich sehr schnell ungültig macht, vollzieht sich der Ablösungsprozeß abrupt, total und oft dramatisch. Laß mich mal drüber nachdenken, was dieser Vorgang in meiner Generation vielleicht doch Besonderes hat. (Eigentlich kann ich gar nicht von der ganzen Generation sprechen; ich spreche von dem Teil, der eine ähnliche geistig-politische Entwicklung hatte wie ich.) Als wir fünfzehn, sechzehn waren, mußten wir uns unter dem niederschmetternden Eindruck der ganzen Wahrheit über den deutschen Faschismus von denen abstoßen, die in diesen zwölf Jahren nach unserer Meinung durch Dabeisein, Mitmachen, Schweigen schuldig geworden waren. Wir mußten diejenigen entdecken, die Opfer geworden waren, diejenigen, die Widerstand geleistet hatten. Wir mußten es lernen, uns in sie einzufühlen. Identifizieren konnten wir uns natürlich auch mit ihnen nicht, dazu hatten wir kein Recht. Das heißt, als wir sechzehn waren, konnten wir uns mit niemandem identifizieren. Dies ist eine wesentliche Aussage für meine Generation. Es ist ein nachwirkendes Defizit für junge Menschen, wenn sie sich mit niemandem identifizieren können. Uns wurde dann ein verlockendes Angebot gemacht: Ihr könnt, hieß es, eure mögliche, noch nicht verwirklichte Teilhabe an dieser nationalen Schuld loswerden oder abtragen, indem ihr aktiv am Aufbau der neuen Gesellschaft teilnehmt, die das genaue Gegenteil, die einzig radikale Alternative zum verbrecherischen System des Nationalsozialismus darstellt. Und an die Stelle des monströsen Wahnsystems, mit dem man unser Denken vergiftet hatte, trat ein Denkmodell mit dem Anspruch, die Widersprüche der Realität nicht zu verleugnen und zu verzerren, sondern adäquat widerzuspiegeln. Dies waren aktivierende, auch verändernde Angebote. Die Auseinandersetzung, die unausweichlich war, hat uns tief aufgewühlt. Dazu kam, speziell bei mir, aber nicht nur bei mir, die enge Beziehung zu Kommunisten, Antifaschisten durch meine Arbeit damals seit 1953 im Schriftstellerverband, in der Redaktion der »Neuen Deutschen Literatur«, im Verlag »Neues Leben«. Beeindruckendere Leute als sie konnte es für uns damals nicht geben. Natürlich übernahmen sie eine Vorbildrolle, es bildete sich ein Lehrer-Schüler-Verhältnis heraus, sie waren die absolut und in jeder Hinsicht Vorbildlichen, wir diejenigen, die in jeder Hinsicht zu hören und zu lernen hatten. Dies konnte wohl nicht anders sein, wie die Verhältnisse einmal lagen, aber ich glaube, auf die Dauer hat es beiden Teilen nicht gutgetan. Die Älteren kamen nie in die Lage – in der wir jetzt sind –, daß sie das Bedürfnis, ja den Zwang in sich verspürten, von den Jüngeren zu lernen, ihre eigene Art zu leben an dem andersgearteten Anspruch der Jungen zu überprüfen. Wir damals Jungen waren zu lange in Vater-Sohn-, Mutter-Tochter-Beziehungen eingebunden, die es uns schwer machten, mündig zu werden. Ich glaube, viele meiner Generation haben sich nie richtig davon erholt. Sie ließen es bei den alten, beengenden, aber auch bequemen Bindungen, anstatt im Prozeß der eigenen Reifung auch diese Beziehung noch einmal in Frage zu stellen, sie von innen her neu zu formieren, mit einem neuen Verständnis auch für die Widersprüche, Konflikte der älteren Generation, für ihre Fehler, für die Gründe ihres Versagens in bestimmten Punkten. Aus lebendigen Menschen Denkmäler, Standbilder zu machen – dazu gehören ja immer zwei. Die einen haben sich, aus Furcht vor Veränderung, in ihrer Unfehlbarkeitsrolle eingerichtet; die anderen aus innerer Unsicherheit in der Rolle der unselbständig Nachfolgenden. Beide werden für die heute Jungen, die dritte und vierte Generation, keine Orientierungsfiguren sein können.

Für mich ist ein Beweis dafür, daß dieser Zustand weitgehend aus der deutschen Geschichte erwächst, daß Angehörige der gleichen Generation in den anderen sozialistischen Ländern früher kritisch, kühner, weniger brav und zähmbar waren als bei uns. Es lastete nicht die Schuld aus der Zeit des Nationalsozialismus auf ihnen und die Hemmung, sich offen kritisch gegenüber denen zu äußern, die ihre Lehrer und Vorbilder gewesen waren.

HÖRNIGK Für mich ergibt sich hier ein gewisser Widerspruch. Es ist sehr einleuchtend, wie du ein Grunderlebnis deiner Generation beschreibst. Andererseits – war es nicht auch so, daß ihr schon als sehr junge Leute, jedenfalls für heutige Verhältnisse unglaublich früh, mit Verantwortung betraut (teilweise auch beladen) worden seid, die ihr vielleicht noch gar nicht tragen konntet? Als echte oder auch unechte Erben seid ihr doch schon von Beginn an auf wichtige Positionen in der Gesellschaft gestellt worden. Vielfach war ja auch kein anderer da. Wenn es stimmt, was die Soziologen beschreiben, nämlich daß die entscheidenden sozialen Eindrücke eines Menschen in der Zeit zwischen dem 18. und dem 25. Lebensjahr liegen, so ist doch gerade mit eurer Generation in dieser Zeit unheimlich viel passiert. Ich denke nur an einige Daten in deiner Biographie. Mit 20 bist du in die SED eingetreten, bist dann sehr früh mit gesellschaftlicher Verantwortung betraut worden, wie es heute kaum noch denkbar erscheint. Mit 26 Jahren warst du zum Beispiel Mitglied im Vorstand des Deutschen Schriftstellerverbandes. Seid ihr nicht gerade sehr frühzeitig auch zu Partnern gemacht worden, die zwar noch zu erziehen waren, gleichzeitig aber selbst schon als Erzieher fungierten?

WOLF An dem, was du sagst, stimmt vieles, eurer Generation muß das besonders auffallen, da ich oft von euch höre, daß ihr alle Plätze besetzt fandet und spät zu Verantwortung kommt. Aber was mich betrifft, sehe ich die »frühe Verantwortung« kaum. Ich habe ja zunächst ganz normal studiert, dann als wissenschaftliche Mitarbeiterin im Schriftstellerverband gearbeitet, als Redakteurin in der »Neuen Deutschen Literatur« – alles nicht übermäßig verantwortliche Tätigkeiten. Und im Vorstand des Schriftstellerverbandes ist man eine unter vielen, meist Älteren. Allerdings war ich noch nicht dreißig, als ich Cheflektorin beim Verlag »Neues Leben« wurde, und dies war eine Verantwortung, der ich mich nicht gewachsen fühlte. Meine Kompetenz reichte nicht aus für eine solche Arbeit, ich habe die Zeit als sehr belastend in der Erinnerung behalten.

31

Andererseits, da hast du wieder recht: Bruno Peterson, ein alter Genosse, der damals dort Verlagsleiter war, hatte mich geworben, vertraute mir und machte mich zu seiner Partnerin, eine stimulierende Erfahrung. Aber das Unbehagen überwog, es ist mein Naturell, eine solche Kluft zwischen Anspruch und Leistung nicht zu lange ertragen zu können, mein Körper wehrt sich notfalls mit Krankheit. Damals »wählte« ich einen typisch weiblichen Ausweg: Ich bekam mein zweites Kind.

Ich denke mir – weiß es auch –, daß die Erfahrung des Nichtgewachsenseins bei anderen Generationsgenossen ganz ähnlich war, daß aber viele diese Selbsterfahrung zudeckten – vielleicht, weil ihnen keine andere Wahl blieb; vielleicht auch, weil sie keine Frauen waren, die eben – denn auch das kann eine Art von Ausfluchtmöglichkeit sein – sich für kurze Zeit in die Frauenrolle zurückziehen. Ich finde nicht, daß es eine Katastrophe ist, wenn man für eine gewisse Zeit hinter den Anforderungen einer gesellschaftlichen Rolle zurückbleibt, solange man sich dessen bewußt ist und die Spannung aushält, die dieses Bewußtsein hervorruft. Viele lernten es ja auch, ihre Grenzen hinauszuschieben. Am schwierigsten ist es, das *innere* Wachstum nachzuholen, damit es der äußeren Verantwortungs-, ja: Machtfülle entspricht, also nicht nur oder hauptsächlich die Fassade zu stärken. Dies haben viele nicht geschafft, wirkten und wirken dadurch besonders auf Jüngere starr, dogmatisch. Ich glaube, wenn sich Leute meiner Generation überwinden könnten, ganz offen mit Jüngeren zu sprechen, würden die vielleicht erstaunt sein über das Maß an Selbstverleugnung, Selbstzweifel und dauernder Über-Anstrengung, das da zum Vorschein käme, das die Dauer-Überforderung anzeigt, die sie eingegangen sind – immer aus dem Gefühl heraus, die gesellschaftliche Entwicklung erfordere es, daß man in diese Bresche springt. – Übrigens hat sich ja seit den sechziger Jahren innerhalb dieser Generation ein Prozeß der Differenzierung, sogar Polarisierung, immer deutlicher gezeigt, auch unter den Autoren.

HÖRNIGK Noch einmal zurück zu den Fakten. 1949 hast du dich an der Universität in Jena für ein Lehrerstudium in den Fächern Deutsch und Geschichte eingeschrieben. Im Spätherbst 1951 bist du an die Karl-Marx-Universität nach Leipzig gegangen. Wechselte man damals die Universität, um bei bestimmten Lehrern zu studieren? In Leipzig lehrten Krauss, Mayer, Bloch, um nur einige der Berühmtheiten zu erwähnen.

WOLF Leider – möchte ich fast sagen – war das nicht mein ausschlaggebendes Motiv für den Universitätswechsel. Wahrscheinlich wären wir beide, mein späterer Mann und ich, in Jena geblieben, wenn ich nicht unser erstes Kind erwartet hätte. Wir hatten beide zusammen 220 Mark Studienbeihilfe, das war ein bißchen wenig. Einer mußte Geld verdienen. Daraufhin ließ sich Gerhard vom Studium beurlauben – was damals noch möglich war –, nachdem er in Leipzig eine mit 300 Mark hoch dotierte Anstellung als Hilfsredakteur beim Rundfunk gefunden hatte. Allerdings wurde er dann innerhalb eines Jahres ohne ein abgeschlossenes Studium verantwortlicher Redakteur: das gehört noch zu unserem vorigen Thema. Er wurde nach Berlin versetzt, ich blieb dann doch mit dem Kind allein in Leipzig, es war in vielerlei Hinsicht schwierig. – Soviel zu den Gründen für den Wechsel der Universität. Übrigens habe ich bei den von dir vorhin genannten Professoren gar nicht so viele Vorlesungen gehört, wie manche Rezensenten glauben nachweisen zu können.

HÖRNIGK Du hast bei Hans Mayer deine Diplomarbeit geschrieben, hast du an einem seiner inzwischen legendären Seminare teilgenommen?

WOLF Nicht an einem Oberseminar. Als ich aus Jena zu ihm kam, nahm er mich nicht in sein Oberseminar auf – er hatte eine starke Animosität gegen die Germanisten aus dem Kreis um Professor Scholz, und ich sah keinen Grund zu verbergen, daß ich mit großem Gewinn für mich bei Edith Braemer studiert hatte. In Übungen und Seminaren habe ich bei Hans

Mayer mitgearbeitet – erst neulich, bei seinem 80. Geburtstag, habe ich ihn an unsere erste Begegnung erinnert . . .

HÖRNIGK Habt ihr eigentlich damals die laufenden ideologischen Debatten um Kunstwerke und Kunstrichtungen verfolgt? Etwa die Auseinandersetzungen um das Brecht-Theater, die Faustus-Debatte und ähnliches?

WOLF Verfolgt haben wir die Debatten gewiß, ich weiß, daß wir mit großem Ernst die einschlägigen, damals recht häufigen und meist sehr langen Artikel im »Neuen Deutschland« studierten. Ob wir sie auch *verstanden* haben, das möchte ich stark bezweifeln: Wir konnten nicht sehen, welche Kräfte und Interessen hinter den verschiedenen ästhetischen Lagern standen. Um Brecht ging es allerdings in Jena schon ausdrücklich, der Scholz-Kreis hatte ja eine bestimmte, etwas distanzierte Haltung zu Brecht; das spielte im Seminar eine Rolle – zum Beispiel, als wir uns in Weimar ein Gastspiel des Berliner Ensembles mit Lenzens *Hofmeister* angesehen hatten. Von den Scholz-Leuten haben wir einen hohen Standard marxistischer Literaturwissenschaft mitbekommen, das Seminar bei Edith Braemer über den deutschen Sturm und Drang würde ich nie missen wollen, ebensowenig mein Praktikum bei der Ausstellung »Gesellschaft und Kultur der Goethezeit«, die von den Scholz-Leuten im Weimarer Schloß aufgebaut worden war – meines Wissens einer der ersten Versuche, eine marxistische Sicht auf eine der wichtigsten Perioden unserer Literaturgeschichte populär zu machen. Ich glaube heute, daß in dieser Ausstellung, sicher auch in den Seminaren, die Beziehungen zwischen »Basis« und »Überbau« zu direkt dargestellt wurden; daß die Beziehungen zwischen ökonomischen Interessen und der Literatur manchmal zu kurzschlüssig behandelt wurden. Aber wir bekamen eine solide Grundlage in materialistisch-dialektischem Denken, und zwar konkret, angewendet auf unser Fach. – Später, das will ich nicht verschweigen, war Edith Braemer unheimlich wütend auf mich, bezichtigte mich der Häresie, aller möglichen Abweichungen . . .

HÖRNIGK Nach *Nachdenken über Christa T.*?

WOLF Ja, ich glaube, es war in dieser Zeit – aber das ist eine andere Frage. Was ich nur sagen wollte: Jene Methode, sich mit Literatur auseinanderzusetzen, wurde dann bei Hans Mayer weiter gefestigt. Auch, trotz Einschränkungen, in gewisser Weise von der sehr starken Lukács-Rezeption jener Jahre. Lukács war ja nun wirklich unser Nonplusultra. Die Bände, die damals von ihm erschienen waren, haben wir nicht nur Wort für Wort studiert, auch seine Wertungen haben wir übernommen, um sie später teilweise zu korrigieren – was Kleist, bestimmte Strömungen der Romantik, was den deutschen Expressionismus, was den modernen Roman betrifft ... Du merkst, ich versuche mich zu erinnern. Ja, die kulturpolitischen Auseinandersetzungen haben mich auch auf der Universität schon beschäftigt. Später, als ich beim Schriftstellerverband arbeitete, selbst Kritiken schrieb, rückten sie in den Mittelpunkt meines Denkens.

In die Leipziger Zeit fiel ja zum Beispiel der 17. Juni. (Im Juni/Juli 1953 habe ich mein Staatsexamen gemacht, saß in der Deutschen Bücherei über den Romanen von Hans Fallada, über die ich meine Diplomarbeit schrieb.) Das war ein Einschnitt. Ich erlebte zum erstenmal, was sich später öfters wiederholte: die verschiedenartigen Reaktionen der verschiedenen Menschen auf ein Schock-Erlebnis. Manche vergaßen ganz schnell, was sie in den ersten Tagen gesagt oder auch in der Zeitung geschrieben hatten: daß es Gründe für Unzufriedenheit gegeben hatte, gerade unter den Arbeitern, daß Korrekturen in der Politik der staatlichen Stellen nötig seien; sie suchten die Ursachen nur jenseits der Grenze und in faschistoiden Tendenzen, die wiederaufgelebt seien. Dazu gerieten andere, auch ich, in Widerspruch, wir beharrten auf Analyse der Vorgänge, auf Veränderungen. Andererseits: gerade in Leipzig habe ich an jenem Tag Gruppen gesehen, Einzelfiguren, die etwas Bedrohliches, stark Gewalttätiges, Gestriges hatten. Aber auch diese Erfahrung wieder ist sehr kompliziert, eigentlich müßte ich sie ausführlicher beschreiben. So ein Interview neigt leider immer zu Verkürzungen, verführt zu Simplifizierungen.

HÖRNIGK Stephan Hermlin hat sich in diesem Zusammenhang an Bücherverbrennungen erinnert.

WOLF Die habe ich nicht erlebt. Aber die Zerstörung von Akten, Schreibmaschinen, Büromaterialien habe ich gesehen. Und einen wilden, ungezügelten Haß gegen diesen Staat, der mit dem Anlaß, der ihn angeblich ausgelöst hatte, nicht übereinging – das empfand ich stark.

HÖRNIGK Damals hatte das Ganze vielleicht eine Art Ventilfunktion. Bei aller berechtigten Unzufriedenheit mit der schwierigen wirtschaftlichen Situation und bei einer von vielen als dogmatisch erlebten Politik waren diese Ereignisse doch wohl auch ein Zeichen dafür, daß die erreichte Bewußtseinsveränderung weitaus überschätzt, daß die notwendige Zeitdauer für einen solchen Prozeß weit unterschätzt wurde.

WOLF Ja, ganz bestimmt. Wir können zum Beispiel bei Becher in seinen Tagebüchern lesen, wie er das Deutschlandtreffen von 1950 als einen Ausdruck für den vollzogenen Umwandlungsprozeß der Jugend feiert. Daß ein Mensch mit seiner Vergangenheit sich sehr wünschte, eine tiefgreifende Wandlung der Jugend schnell zu erleben, ist verständlich. Aber da hatte dieser Prozeß gerade erst begonnen, und veränderte *Meinungen* sind eben am leichtesten zu gewinnen. Ein tiefgreifend verändertes Bewußtsein, das nicht nur im Rausch der Begeisterung, sondern auch in krisenhaften Situationen, also kritisch, den Widersprüchen der sich formierenden Gesellschaft gewachsen ist, das wächst langsam, unter Konflikten. Ich habe damals niemanden gefunden, der mir diesen Ausbruch von Destruktionslust, den ich am 17. Juni beobachtet habe, erklären konnte. Ich kam am Abend dieses Tages nach Hause mit einer Handvoll Parteiabzeichen, die ich von der Straße aufgelesen hatte. Mir wurde bewußt, auf einer wie dünnen Decke wir gingen. Seitdem, mindestens seitdem ist mir eine kritische Haltung zugewachsen, die sich mit oberfläch-

36

lichen »Einschätzungen« von Verhältnissen ohne tiefschürfende Analyse nicht beruhigen kann.

HÖRNIGK Lag nicht gerade die Schwierigkeit darin, annehmbare Wertorientierungen zu vermitteln? Ich erinnere mich an idealisierte Geschichts- beziehungsweise Sowjetunion-Bilder, die in Wirklichkeit ja kaum funktionierten. Aber wo sollte man die Wertorientierung sonst hernehmen?

WOLF Gewisse Realitäten in ihrer ganzen Härte konnten wir nicht wahrnehmen, sie wurden auch nicht vermittelt. Unser Bild von der Sowjetunion war sentimentgeladen, verklärt und geschönt, auch durch Schuldgefühle mit bestimmt. Wir reden ja von der Zeit vor Stalins Tod, lange vor dem XX. Parteitag, und ich leugne nicht, daß ich durchaus vom Geist dieser Zeit ergriffen war. Dann gab es aber immer wieder Signale, aus denen ich heute ablesen kann, daß mein kritischer Blick mir nicht ganz verlorengegangen war. Zum Beispiel gelang es uns einfach nicht, die große wissenschaftliche Bedeutung von Stalins Werk über die Sprachwissenschaft zu begreifen, das wir als ein Jahrhundertwerk studieren sollten. Ich habe es, gründlich wie ich bin, zwei- oder dreimal gelesen und kam nicht dahinter. Ich erinnere mich einer Diskussion mit einer Kommilitonin über diesen Aufsatz, die ganz verstört auf unsere Zweifel an seiner tiefschürfenden Bedeutung reagierte.

Ich weiß, diese Zeit muß noch dargestellt werden, dieses einmalige, sehr komplizierte Gemisch in den Köpfen der damaligen jungen Generation kann für Spätere kaum begreiflich sein... Was wir hier machen, ist zutage fördern, was ganz obenauf liegt... Es gab immer einiges, was mich hinderte, ungehemmt im Strom der Zeit mitzuschwimmen. Damals dachte ich, ich müßte meine kleinbürgerlichen Hemmungen ablegen, da dieser Strom die Zukunft verkörperte, und so habe ich dann versucht, innere Vorbehalte zu unterdrücken, Signale zu übersehen. Das ging bei mir nie lange, dann kam entweder ein Einbruch der äußeren Realität, der mich korrigierte, oder mein Körper ertrug den Widerspruch nicht länger und machte mich krank. Heute kann ich mir ganz gut erklären, warum bestimmte Krankheiten sich zu bestimmten Zeitpunkten einstellten. Aber darüber müßte ich eigentlich schreiben, um mich gründlich zu fragen, warum in bestimmten Zeiten das Bedürfnis nach Übereinstimmung so stark war; was mich, offenbar von der Kindheit her, dazu gebracht hat, die Übereinstimmung mit einer großen Gruppe von Menschen zu suchen. Das mag für Jüngere nicht leicht zu verstehen sein, die – wie sagt man heute – eine andere Sozialisation hatten.

HÖRNIGK So fremd kommt mir das alles gar nicht vor, denn ich glaube, auch spätere Generationen haben doch noch ähnliche Erfahrungen gemacht, obwohl – und darin liegt gewiß ein wesentlicher Unterschied – die Kontraste nicht so scharf erlebt wurden.

Wie bist du denn eigentlich in den Schriftstellerverband gekommen?

WOLF Ich habe dort im Herbst 1953 angefangen zu arbeiten, eingestellt von KuBa, der damals Sekretär des Schriftstellerverbandes war. Diese Arbeit habe ich gewählt, ich hatte eine Alternative: Hans Mayer hatte mir angeboten, als Assistentin bei ihm an der Universität zu bleiben. Ich wollte aber nicht an der Universität bleiben, mich reizte die Praxis der sozialistischen Literatur, eine Universitätslaufbahn interessierte mich nicht. Ich hatte schon während des Studiums starke Krisen in bezug auf mein Fach gehabt, hatte am Sinn des Germanistik-Studiums gezweifelt, hatte überlegt, das Fach zu wechseln, Psychologie zu studieren ... Auch die Pädagogik hatte ich nach dem zweiten Studienjahr aufgegeben – das war damals noch möglich –, obwohl ich seit meiner Kindheit Lehrerin werden wollte. Jetzt gab es für mich nur noch die Literatur. Die Arbeit im Schriftstellerverband war für eine wie mich ein idealer Einstieg: eine Arbeit, die mich mit der Literatur in ihrem Entstehungsprozeß in Kontakt brachte, vor allem aber mit denen, die sie schrieben – Jungen und Älteren.

HÖRNIGK Du hast dort Autoren getroffen, die für deine Entwicklung sehr wichtig wurden – persönlich, beruflich, politisch, nehme ich an. KuBa nanntest du. Da waren auch Weiskopf, Wedding, die Sterns, Claudius, Becher, Hermlin, Seghers natürlich ...

WOLF Becher bin ich persönlich nicht begegnet, den habe ich immer nur von weitem gesehen, aber Claudius, Strittmatter – das waren ja nach KuBa Sekretäre des Verbandes. Und bei dem Namen »KuBa« fällt mir sofort Louis Fürnberg ein – ein wichtiger Mensch dieser Jahre für uns beide, er war eng mit KuBa befreundet, keineswegs ohne Widersprüche. Fürnberg war ein Mensch, der an anderen sehr feine Schwingungen wahrnahm und darauf reagierte, sehr verletzbar, daher bemüht, andere nicht zu verletzen. KuBa konnte schreiend und tobend im Zimmer umherrennen, Schimpfworte ausstoßen. Ich höre jetzt manchmal, wie man über ihn herzieht, zum Beispiel wegen seines sicherlich unangemessenen Verhaltens als Sekretär des Schriftstellerverbandes am 17. Juni 1953 – damals war ich noch nicht in Berlin. Er war kein Dogmatiker, obwohl er entsetzlich dogmatische Ansichten vertreten konnte; parteitreu, ja, stalingläubig, auch das. Der XX. Parteitag hat ihn beinahe umgebracht, da hat er angefangen, sich wie wild gegen zu wehren, hat überall die Gefahr der Aufweichung gewittert, auch ich fiel später unter diejenigen, deren Ansichten und Haltung er nicht ertrug und heftig bekämpfte. Aber er hat mich jahrelang fasziniert, er war kein enger, sondern ein ungebärdiger Mensch; ein Arbeiterjunge mit wirklicher dichterischer Begabung, auch wenn heute viele seiner Gedichte, wenn sie immer wieder mal öffentlich vorgetragen werden, grob, allzu vereinfachend auf mich wirken. Er gehört zu jenen, denen der Konflikt zwischen den sozialistischen Idealen, für die sie angetreten waren, und der Realität, die sie wahrnahmen oder gegen die sie sich verschlossen, das Herz gebrochen hat. Fürnberg gehörte auch dazu – er hatte ja fürchten müssen, in die Slansky-Prozesse in der Tschechoslowakei verwickelt zu werden; er war ein lauterer Mensch, jahrelang hat es ihm die

Sprache verschlagen, oder er hat seine Zweifel übertönt, bis dann, nach dem XX. Parteitag, ein Jubelbrief kam: Tauwetter!

Ich spreche über diese Erlebnisse und Erfahrungen hier zum erstenmal, weil ich sehe, daß jene Generation, die, entweder, weil sie früh starb – denk an Weiskopf, an Bredel, an Fürnberg, KuBa, Brecht: alle Herzinfarkt! – oder weil sie aus einem falschen Disziplinverständnis heraus über ihre eigene Erfahrung nicht oder wenig geschrieben hat –, daß jene Generation schon jetzt für die Nachgeborenen in ein Dunkel der Unkenntnis versunken ist, oder unsichtbar geworden durch das erbarmungslose Scheinwerferlicht der offiziellen Glorifizierung. Beides haben sie nicht verdient; sie waren lebendig, interessant, alles andere als uniform, ihre letzten Lebensjahre – und oft nicht nur die letzten – von Tragik überschattet. Besser wissen ist nicht immer besser sein, nicht wahr?

KuBa zum Beispiel – natürlich muß ich hier bei Stichpunkten bleiben – hat uns damals jungen Leuten viel zugetraut. Ich war 24 Jahre alt, hatte zwar Literatur studiert, aber bestimmt keine Ahnung davon, wie Literatur entsteht, mein Kopf war mit Maßstäben von Lukács vollgestopft, die ich nun auf die Manuskripte anwendete, die uns zugetragen wurden. Es gab ja schon eine junge Literatur, junge Autoren, Arbeitsgemeinschaften, Kongresse für sie. Ich entsinne mich, zu einem dieser Kongresse machten wir jungen Mitarbeiter für KuBa die Rede, in Tag- und Nachtarbeit, unter heftigem Streit um jede Formulierung, fuhren dann mit ihm im Auto nach Leipzig, er drehte das Fenster herunter und sang mit gräßlicher Stimme die ganze Zeit über Balladen, obszöne Lieder von Wedekind zum Beispiel, bis wir sie mitsingen konnten. »Seine« Rede hat er prima vista auf dem Kongreß vorgetragen und gegen jedermann verteidigt ... KuBa konnte Menschen blind vertrauen, er besaß keine Menschenkenntnis, ich habe einige seiner Enttäuschungen an Menschen, deren wirkliche Absichten er nicht erkennen konnte, miterlebt. Tragikomische Geschichten ... Er konnte sehr treu sein, selbstlos, hilfsbereit ... Ich spreche nicht gerne en passant über einen Menschen, der viel komplizierter ist, als ein paar Bemerkungen in einem Interview es andeuten können.

Das waren die fünfziger Jahre auch: eine Zeit heftiger Diskussionen. Dogmatismus? Ja. Wenn du die Zeitungen jener Jahre nachliest, dir können die Haare zu Berge stehen. Man muß sich ja vorstellen, daß die Verdikte gegen Künstler und Kunstwerke, die in der Zeitung standen, damals ernst genommen wurden, oft auch von den Betroffenen selbst, und für die Beschuldigten Folgen hatten. Andererseits gab es Versammlungen, in denen die Leute sagten, womit sie nicht einverstanden waren. Und wir Jungen waren in alles verwickelt. Wir nahmen Anteil, es war unsere Sache. Wir waren in einer Stimmung übersteigerter Intensität, alles, was »hier und heute« geschah, war entscheidend, das Richtige mußte sich bald und vollkommen durchsetzen, wir würden den Sozialismus, den Marx gemeint hatte, noch erleben. Auf der einen Seite Einübung in nüchternes, kritisches, analytisch-dialektisches Denken, auf der anderen eine Art Heilsgewißheit, wenige Jahre lang. In *Christa T.* habe ich etwas davon beschrieben. – Heute stehen junge Leute kopfschüttelnd vor dieser Haltung, die wir damals einnahmen.

HÖRNIGK Du hast eben schon den XX. Parteitag der KPdSU erwähnt. Darauf möchte ich noch einmal zurückkommen. Ich hatte mir lange Zeit vorgestellt, daß euch diese Eröffnungen damals ziemlich zerstört haben müssen, in dem Sinne, daß ein Glaube ins Wanken gekommen ist. Erst später wurde mir bewußt, daß die Enthüllungen Chruschtschows ja eigentlich auch ungeheuer befreiend gewirkt haben könnten.

WOLF Beides traf zu. Es hat uns nicht zerstört, wohl aber *ver*stört, die Wahrheit, oder einen Teil der Wahrheit über Stalins und Berijas Verbrechen zu erfahren. Verstört haben mich auch Reaktionen älterer Kollegen und Genossen im Schriftstellerverband, besonders solcher, die in der Moskauer Emigration gewesen waren, von denen einige jetzt zusammenbrachen.

Ich fragte mich, wie es ihnen möglich gewesen war, alles, was sie dort erfahren oder selbst erlebt hatten, so weit zu verdrängen, daß sie ganz oder partiell gläubig bleiben konnten. Ich denke, ich habe etwas dabei gelernt: Meine eigene Gläubigkeit schwand dahin, künftig wollte ich zu meinen Erfahrungen stehen und sie mir durch nichts und niemanden ausreden, verleugnen oder verbieten lassen. – Sonst hätte ich ja übrigens niemals eine Zeile schreiben können.

Es gab unter den Älteren unterschiedliche Reaktionen auf den Schock des XX. Parteitags. Die erschütternden Aufzeichnungen Johannes R. Bechers aus jener Zeit kennen wir inzwischen. Ein anderer, Willi Bredel, hat sich in den Versammlungen jener Monate betont zu uns Jüngeren gesetzt, hat uns umarmt und gesagt: Na, ich denke, wir müssen ein bißchen mehr miteinander reden. – 1959 fuhr ich inmitten einer Schriftstellerdelegation aus der DDR als Korrespondentin zum Sowjetischen Schriftstellerkongreß nach Moskau. Da hat Bredel mir einen Nachmittag lang sein Moskau gezeigt: die Lubjanka. Das Hotel, in dem die Emigranten wohnten. Er hat mir erzählt, wie es war, wenn man die Nummer eines Freundes wählte, wartete, ob er den Hörer abnehmen würde, und dann selber, ohne sich zu melden, den Hörer wieder auflegte: Es gab den anderen noch, er war noch nicht abgeholt. Sie seien die »Eta-Deutschen« genannt worden, hat er mir erzählt, da sie kaum Russisch konnten, manche, wie Becher, es auch nicht lernen wollten, und in den Geschäften immer nur auf die Ware zeigten: Eta – was ja heißt: das da.

Wahrscheinlich hätte ich nirgendwo anders in jenen Jahren so exponierte und besonders sensible Vertreter dieser älteren Generation in dieser scharfen Konfliktsituation erleben können, die sie nicht mehr so sorgsam vor uns verbergen konnten und wollten. Ihren Heiligenschein hatten sie verloren, das war nicht nur gut für uns – wir mußten erwachsen werden –, sondern auch für sie. Unfehlbar, unantastbar waren also auch sie nicht, aber dadurch doch nicht erledigt oder abserviert. Ich verstand sie besser, selbst diejenigen, die ihre Starrheit nicht auflösen konnten, um nicht zusammenzubrechen, oder weil sie ihr Denken in Schwarzweißschemata nicht mehr aufgeben konnten. – Nicht auszudenken (und doch oft ausgedacht), wie die Entwicklung in den sozialistischen Ländern verlaufen wäre, wenn der Impuls, den der XX. Parteitag ausgesendet hat, in der UdSSR nicht wieder ins Stocken gekommen wäre ... Nicht mehr ins Stocken gekommen ist unsere intensive Diskussion um die Probleme, die uns spätestens von diesem Zeitpunkt an auf den Nägeln brannten. Die Stunden kann man nicht zählen, in denen wir in unterschiedlichen Kreisen zusammensaßen – oft mit Älteren, die nun bereit waren, offen zu reden –, uns aus erster Hand Informationen holten über die verschiedenen Emigrationen, über das Überleben in deutschen Konzentrationslagern und Zuchthäusern, uns freiredeten von den Folgen des stalinistischen Denkens in uns selbst und eine Zukunft entwarfen, in der die »freie Entfaltung des einzelnen die Voraussetzung für die freie Entfaltung aller« sein würde. Viele müßte ich da nennen: Jeanne und Kurt Stern, die Schlotterbecks in Potsdam, Eduard Claudius, etwas später Stephan Hermlin, in den sechziger Jahren dann Lotte und Walter Janka. Wichtige Freundschaften.

HÖRNIGK Also ist der Eindruck doch richtig, daß die Älteren ein großes Interesse an euch Jüngeren hatten, daß sie euch früh zu Partnern machten. Noch mal: Einfach die Tatsache, daß du mit 26 Jahren schon im Vorstand des Deutschen Schriftstellerverbandes warst (so hieß er damals noch), zeugt doch davon, daß man euch ernsthaft als Hoffnungsträger sah, euch vorbereitete, das weiterzuführen, was die Älteren angefangen hatten, woran sie vielleicht auch aus verschiedenen Gründen gescheitert waren.

WOLF Das ist sicher richtig. Man muß aber auch bedenken, wie dünn die mittlere Generation besetzt war. Viele waren gefallen. Die Altersgruppe der Strittmatter, Fühmann, Brězan war stark dezimiert worden. Ganz zu schweigen – oder besser:

nicht zu schweigen von den jungen Menschen unter den deutschen Juden, die in den Gaskammern ermordet wurden und denen es bestimmt gewesen wäre, zu schreiben, zu malen, zu komponieren ... Ich muß oft an sie denken. – Aber du hast recht: Das Interesse der Älteren, ihre Ideale an uns weiterzugeben, war wirklich groß – auch, weil das eigene Leben gerechtfertigt war, wenn die junge Generation sich als nachfolgende verstand. Das erleben ja wir, älter werdend, kaum als Generation: daß die Jüngeren sich für unser Leben interessieren, daß sie etwas über uns wissen wollen. Das hat Ursachen. Aber damals spielte das eine große Rolle. Es gab schon etwas wie ein Lehrer-Schüler-Verhältnis, das ja Brecht sehr kultiviert, eigentlich sogar institutionalisiert hat. Die Gefahr, die einem erst später bewußt wurde: daß man aus der Schüler-Rolle nicht mehr herauskam. Daß man immer wieder da hineingestukt wurde. Heute noch erlebe ich mit einigem Mißtrauen, daß Angehörige meiner Generation mit verklärten Augen von diesen Jahren reden, fast so, als sehnten sie sich nach ihnen zurück und als habe der Zwang zum Reiferwerden, sich Konflikten zu stellen, Desillusionierung zu ertragen, ihnen dann keinen rechten Spaß mehr gemacht. Diese gefühlsmäßige Fixierung auf bestimmte Jahre in der Jugend ist, glaube ich, auch noch nicht in der Literatur beschrieben worden.

HÖRNIGK Zu Beginn der sechziger Jahre hatte der amerikanische Schriftsteller Lowenfels die DDR besucht. Er hat damals, die gesellschaftliche Entwicklung in den sozialistischen Ländern mit der in den kapitalistischen Ländern vergleichend, von einer Zeitgrenze, einem Zeitsprung zwischen alter und neuer Welt gesprochen. Du hast im »Forum« darüber berichtet. Neuerdings taucht dieses Bild des öfteren wieder auf, etwa in Interviews von Heiner Müller oder Christoph Hein, der in diesem Zusammenhang von einer »Kulturgrenze« spricht. Würdest du das von heute aus betrachtet immer noch so beschreiben wollen?

WOLF Soviel kann ich bestätigen: Damals hatte auch ich

die Zuversicht, daß mit der grundlegenden Veränderung der Eigentumsverhältnisse eine nächste Phase der Menschheitsentwicklung eingeleitet sei, insofern hatte ich also auch das Gefühl, im Verhältnis zur Bundesrepublik in einer »anderswerdenden« Gesellschaftsformation zu leben, und die Hoffnung, daß noch während meiner Lebenszeit die Vorzüge der sozialistischen Gesellschaft sich entwickeln und zeigen würden. Wenn ich von der heutigen Perspektive aus auf jene Jahre blicke, die ja durchaus von einem gewissen Hochgefühl getragen waren, von dem man sich ungern trennt, dann muß ich mich natürlich fragen, wie wir, aber eben nicht nur wir, gerade als Marxisten annehmen konnten, ein Volk, das sich nicht selbst vom Faschismus hatte befreien können (um das mindeste zu sagen), könne sozusagen nahtlos, jedenfalls schnell, in eine sozialistische Gesellschaftsordnung »überführt« werden. Schon allein dieser Anspruch hat, glaube ich, damals viele Leute weggetrieben. Allein die Unnachgiebigkeit, mit der bei uns in den ersten Jahren die Teilhabe sehr großer Teile des deutschen Volkes an den Verbrechen der Nazis öffentlich behandelt wurde (ganz im Gegensatz zur Praxis in den Westzonen, dann der Bundesrepublik), mag vielen als unerträglich erschienen sein. Und, von heute aus gesehen, muß ich mich natürlich weiter fragen, wie viele von den möglichen Vorzügen einer sozialistischen Gesellschaft, selbst wenn sie arm ist, in den Anfängen steckt, überhaupt zum Vorschein kommen können unter den Bedingungen einer Besatzungsmacht, die, gerade auf dem Kulturgebiet, zwar viele gute Leute bei uns einsetzte, Qualitäts- und Wertmaßstäbe schuf, aber doch im eigenen Land eben unter dem Stalinismus selbst eine Perversion dieser sozialistischen Gesellschaft erfuhr. Das böse Wort, daß der Zweck die Mittel heilige, habe ich niemals akzeptiert. Aus dieser Nicht-Akzeptanz entstanden meine ersten Konflikte mit offiziellen Ansichten und Maßnahmen.

HÖRNIGK 1956 hat dich Louis Fürnberg in einem inzwischen viel zitierten Brief zum Schreiben ermuntert. Welchen

Anlaß hatte er eigentlich? Kannte er frühe Ergebnisse schriftstellerischen Bemühens?

WOLF Nein, nein. Fürnberg kannte meine Kritiken, und er
hatte einen Brief von mir, in dem ich meine Sehnsucht zu
schreiben ausdrückte. Er war ein freundlicher Mensch, dessen
Bedürfnis es war, andere zu ermuntern. Wir kannten uns persönlich gut, haben viel miteinander geredet, ich weiß nicht, ob
er aus diesem Eindruck von mir die Hoffnung ableitete, daß
ich Talent zum Schreiben hätte. Gewiß hatte er sich die Erfahrung zu eigen gemacht, daß ermutigen immer besser ist als
entmutigen. Danach handelte er. Mir hat das sehr an ihm gefallen.

HÖRNIGK In *Dimension des Autors* finden interessierte Leser
fast alle deine Aufsätze, inklusive Interviews über beziehungsweise mit Anna Seghers. Nun ist in der literaturwissenschaft-
lichen Forschung schon eine Menge zu deinem Verhältnis zu
Anna Seghers geschrieben und teilweise gemutmaßt worden,
vor allem, was die Vorbild- oder Lehrer-Rolle der Seghers betrifft. Ich denke, sowohl deine Werkgeschichte als auch deine
Poetik zeugen von großer Nähe, aber auch von bewußter Ab-
grenzung. Heiner Müller hat sich zu Brecht als einer Art Über-
vater bekannt. Gab es eine Phase, in der die Seghers auch so
etwas wie eine Übermutter für dich war?

WOLF Nein, das glaube ich nicht ... Übrigens: In den
Brecht-Sog bin ich nicht geraten, weil ich eine Frau bin (und
natürlich auch, weil ich nichts mit Dramatik zu tun hatte). Es
stand überhaupt nicht zur Debatte, auch nachträglich nicht,
heute weiß ich, warum nicht. Die Art von Selbstaufgabe, die
Brecht Frauen abverlangte, hätte ich niemals leisten können
und wollen. – Anna Seghers habe ich verehrt, ich war von ihr
als Mensch und als Autorin stark fasziniert, studierte ihre Art
zu schreiben, fragte sie, soweit sie es zuließ, über ihr Leben
aus. Sie eignete sich wenig dazu, anderen gegenüber lehrerhaft
zu sein, vielleicht gab es sogar – mit aller Vorsicht deute ich das
an – zwischen uns eine Art von Gegenseitigkeit im Geben und

Nehmen, auch sie interessierte sich wohl für die Jüngeren, für die ich ein Beispiel abgab. Dann differenzierte sich meine Meinung zu ihren Arbeiten: Einige blieben mir sehr nahe, ich bewundere sie bis heute, andere rückten weg. Natürlich dachte ich viel darüber nach, unter welchen Umständen sie ihre für mich stärkeren, unter welchen sie ihre für mich nicht so starken Arbeiten geschrieben hatte. Daraus konnte ich lernen. Bis heute bin ich froh, daß ich diese Orientierungshilfe durch sie hatte. Die Bindung an sie geriet nie zur Abhängigkeit, nie hätte ich um ihretwillen bestimmte Seiten meiner Person unterdrücken, ihr zuliebe etwas aufgeben sollen, was mir wichtig war. Als es dann soweit war, daß ich Dinge schreiben mußte, die ihr fremd waren, oder Dinge tun mußte, die sie nicht billigen konnte, hat es mich zwar etwas gekostet, aber unmöglich war es durchaus nicht. Ich glaube, wir haben beide darunter gelitten, aber es hat unser Verhältnis nicht zerbrochen, das sich organisch entwickelt hatte und nun eben auch organisch an den Punkt kam, da ich mich in bestimmten Konfliktsituationen anders entschied als sie, auch in politischen Fragen andere Akzente setzte – so ist dieses Verhältnis, wenn ich das so ausdrücken darf, auch über ihren Tod hinaus für mich lebendig geblieben. Sie interessiert mich immer noch wie am ersten Tag, ich glaube, ich kenne und verstehe sie heute besser als manchmal zu ihren Lebzeiten. Über all das im einzelnen zu sprechen, ist es noch zu früh. Übrigens – das war mir damals gar nicht so bewußt – mag sie auch für mich eine Art Zeichen dafür gewesen sein, daß man es als junge Frau mit Kindern schaffen kann zu schreiben – in ihren so unendlich viel schwierigeren, den meinigen gar nicht vergleichbaren Verhältnissen hatte sie es jedenfalls geschafft. – Aber ich war eben damals ja auch noch eine Ausnahme: als schreibende Frau in all diesen von Männern besetzten Gremien.

HÖRNIGK Hattest du nicht manchmal das Gefühl, als junge Frau in diesen Funktionen als eine Art Schmuck zu agieren?

WOLF Freilich. Ein Muster wiederholte sich: Mein Gott, wir

haben ja noch gar keine Frau in diesem Gremium, dieser Kommission, diesem Vorstand! Da dachte, weil es so wenig Frauen gab, der brave Mann an mich. Nur daß ich mich nicht lange als schweigende Garnierung verhielt.

HÖRNIGK Warum gab es so wenige?

WOLF Die meisten jungen Mädchen und Frauen waren damals mit dem nackten Überleben beschäftigt. Zwar fingen schon verhältnismäßig viele Mädchen an zu studieren – jedenfalls Germanistik, Sprachen und so weiter –, dann heirateten sie, während des Studiums, nach dem Studium, wie ich, oft einen Studienkollegen, dann bekamen sie Kinder, wie ich. Es gab kaum Kindergärten oder -krippen, eine Frau, die weiter arbeiten oder studieren wollte, mußte für ihr Kind private Lösungen suchen, wir wußten bitter wenig über die emotionalen Bedürfnisse von Säuglingen, frage heute Frauen meiner Generation – wir alle haben Schuldgefühle gegenüber unseren Kindern. Es gab keine Waschmaschinen, keine Babynahrung; die stelltest du dir jeden Mittag aus Kalbfleisch und Gemüse selber her. Heute kaufen junge Mütter sie im Gläschen in der Kaufhalle. Die jungen Männer, Studienkollegen der jungen Frauen, Väter dieser Kinder, begannen ihre Karrieren; die jungen Frauen begannen in der Mehrzahl ihren Verzicht auf die am höchsten qualifizierte Berufstätigkeit und auf die exponierten Rollen in der Gesellschaft. Du mußtest schon wahnsinnig motiviert sein – wie ich es offenbar war – und einen Mann haben, der nicht auf die Idee kam, daß du, nur weil du eine Frau warst, deine berufliche und politische Entwicklung zurückstellen solltest, um nicht zu verzichten. Außerdem: Die Art meiner Arbeit erlaubte mir, nicht in den ersten Jahren, aber später doch immer häufiger, auch zu Hause sein zu können . . .

HÖRNIGK Hast du Anna Seghers deine Arbeiten gezeigt, bevor sie publiziert waren – etwa die *Moskauer Novelle* oder den *Geteilten Himmel*? Stand sie dir als Ratgeberin zur Verfügung?

WOLF Nein. Ich wäre nicht auf die Idee gekommen, ihr Manuskripte zu geben. Ich habe ihr, wahrscheinlich von *Nachdenken über Christa T.* an, meine Bücher gegeben. Als ich anfing zu schreiben, wohnten wir ja nicht mehr in Berlin, sondern in Halle, da war der enge Kontakt mit dem Berliner Kreis zunächst unterbrochen. Aber ich hätte mich sowieso nicht getraut, ich hätte es, glaube ich, als Zumutung empfunden, der Anna mit einem Manuskript von mir zu kommen. Ich habe meine Manuskripte, ehe ich sie zum Verlag gab, niemandem gezeigt, außer Gerhard.

HÖRNIGK Ich würde gerne noch etwas über deine Beziehung zu Konrad Wolf wissen. Es gab doch einen Plan, die *Moskauer Novelle* zu verfilmen?

WOLF Gerhard und ich haben schon an dem Drehbuch dafür gearbeitet, als die Novelle gerade als Vorabdruck in der »Jungen Kunst« erschienen war. Für Konrad Wolf war diese Geschichte – die Liebe einer Deutschen zu einem Russen – wohl interessant, weil er einen wichtigen Teil seines Lebensstoffes von der »anderen Seite« her dargestellt sah. *Seine* stärksten Gefühlserlebnisse lagen ja in seiner Moskauer Kindheit und seiner Jugend in der Roten Armee. Er war jahrelang für mich ein wichtiger Mensch, unsere Beziehungen waren zu kompliziert, als daß ich sie hier auch nur annähernd beschreiben könnte. Er, ein wenig, nicht viel älter als wir, fast noch unsere Generation, aber eben *nicht* in Nazideutschland aufgewachsen, geprägt durch eine andere Heimat, in der sehr schwierigen Lage, sich nun dieses Land zur Heimat zu machen. Auch dazu brauchte er Menschen wie uns, über die künstlerische Zusammenarbeit hinaus. Die war übrigens gut, gleich von diesem ersten Drehbuch an, das aber dann nicht verfilmt wurde. Die sowjetische Seite wollte damals nicht die Liebe einer Deutschen zu einem Russen zeigen, noch dazu, da der Russe, ein ehemaliger Offizier, als nicht stark genug empfunden wurde. Der damals üblichen soziologischen Literaturbetrachtung folgend, mußte die führende Rolle der Sowjetunion auch übertragen werden auf das Personal dieses kleinen Büchleins, das ja übrigens große Schwächen hat. Mich schmerzte diese Ablehnung, auch, weil ich fürchtete, daß der Kontakt mit Konrad Wolf nun abbrechen würde. Aber er meldete sich wieder, als ich den *Geteilten Himmel* geschrieben hatte; noch ehe das Buch erschienen war, erklärte er, er wollte es verfilmen. Das wurde dann eine sehr intensive Zusammenarbeit. Mit seiner Hilfe – wir hatten ja keine Filmerfahrung – haben wir das Szenarium geschrieben, manchmal wochenlang in irgendeinem Heim zusammengehockt und gearbeitet, da stellte sich auch persönliche Nähe her. Ich vermittelte den Kontakt zum Waggonbau Ammendorf, wo ich Material für das Buch gefunden hatte und wo dann auch gedreht wurde. Wir waren zeitweise bei den Dreharbeiten dabei. Wir arbeiteten in die gleiche Richtung. Wir wollten – alle, das ganze Team – ein bestimmtes künstlerisch-politisches Konzept durchsetzen, eine realistische Sicht auf unsere Verhältnisse. Mein Buch war ja am Anfang von bestimmter Seite politisch scharf angegriffen worden, der Film aber fand – sicher auch, weil Konrad Wolf ihn drehte – Unterstützung.

HÖRNIGK Warst du zufrieden mit dem Film?

WOLF Damals ja. Ich habe ihn vor gut einem Jahr wieder gesehen. Eine gewisse Atmosphäre hat er bewahrt, bei allem, was ich heute im einzelnen kritisch sehe. Zwischen den Bildern, auch außerhalb der Dialoge erscheint unser utopisches Denken, blitzen unsere Visionen auf ...

Wir wollten noch andere Projekte mit Konrad Wolf realisieren – einen Stoff, der ihm und seiner Erfahrungswelt sehr nahe lag und der sich uns durch die Bekanntschaft mit einem jüngeren Mann anbot, Sohn von Emigranten, der viel später als Konrad Wolf in die DDR gekommen war und in einem Betrieb als Ingenieur arbeitete. »Ein Mann kehrt heim.« Wir sahen eine Chance, den Entwicklungsstand dieses Landes Anfang der sechziger Jahre mit den Augen eines solchen Mannes zu schildern, das heißt, wir wollten einen Verfremdungseffekt benutzen, um einen kritischen, aber nicht *nur* kritischen Blick auf bestimmte Erscheinungen bei uns zu werfen. Das Szenarium war schon geschrieben, es wurde uns dann bedeutet, daß es keinen Sinn hätte, weiter daran zu arbeiten, es gab einen kulturpolitischen Einschnitt nach dem Sturz Chruschtschows. Noch einmal haben wir uns dann an einem eigenen Filmstoff versucht, das Drehbuch hieß »Fräulein Schmetterling«, ein Schüler von Konrad Wolf hat es verfilmt, hatte den Film schon nahezu abgedreht; es sollte ein Berlin-Film werden, das Material könnte interessant sein, weil es Szenen gibt, die in der alten, nicht mehr existierenden Markthalle am Alex spielen, und für andere Passagen stand die Kamera, glaube ich, oben auf dem Haus des Lehrers und filmte den aufgerissenen, rundum von Neubauten oder noch von Ruinen umgebenen Alexanderplatz. So kennen ihn die heute Fünfundzwanzigjährigen gar nicht mehr. Auch dieser Film wurde, ehe er wirklich fertig war, verboten.

HÖRNIGK Das hing, soviel ich weiß, mit dem 11. Plenum des ZK 1965 zusammen.

WOLF Ja.

HÖRNIGK Das bringt mich zu der Frage nach der Einwirkung äußerer Ereignisse auf deine Arbeit. Mir scheint, einige historische Ereignisse haben sehr unmittelbar auf dein Schreiben eingewirkt. Zum Beispiel stellt sich das 11. Plenum wie ein Einschnitt für dich dar, als ein Wendepunkt in deiner schriftstellerischen Arbeit. Du hast damals dort eine Rede gehalten, die man im »Neuen Deutschland« nachlesen kann. Mir erschien es so, als ich diese Rede las, als sei damals bei dir so eine Art Schmerzgrenze erreicht gewesen, verursacht sicher durch angestaute Konflikte, wachsendes Konfliktbewußtsein, ausgelöst aber offensichtlich durch Beschuldigungen, die sich gegen Werner Bräunig und andere Kollegen richteten. Ich weiß nicht, ob du diese Rede vorbereitet hattest, mir erscheint fast, du fühltest dich gezwungen zu reagieren, ich weiß ja auch nicht, ob die Rede vollständig abgedruckt ist, aber mir war nach der Lektüre klar, daß sich für dich eine Veränderung im

Schreiben ergeben mußte. Und das wird bei den Werken, die dann folgen, sichtbar.

WOLF Also jetzt mal der Reihe nach. Die Rede ist im »Neuen Deutschland« nicht vollständig abgedruckt. Ich hatte sie übrigens nicht vorbereitet, sprach nach Stichpunkten, fühlte mich aber dazu verpflichtet, weil am Vortag in einer Rede der Verdacht geäußert worden war, daß sich bei uns im Schriftstellerverband eine Art Petöfi-Club, also ein konterrevolutionäres Zentrum, zusammenbraue. Ich wußte, daß dieser Verdacht unhaltbar war, aber weitreichende Folgen haben konnte, also mußte ich sprechen; wozu war ich sonst Kandidatin des ZK? Sicher hätte ich präziser sprechen können, wenn ich ein Manuskript gehabt hätte. Es ist nicht leicht, einem Saal gegenüberzustehen, der gegen dich ist, dich durch Zwischenrufe unterbricht und so weiter. Ich wollte ja eigentlich überzeugen, daß sie den Feind nicht bei uns zu suchen hatten ...

Übrigens: Gerade in jenen Monaten und Tagen habe ich sehr viel mit Konrad Wolf gesprochen, mit Jeanne und Kurt Stern, mit anderen Genossen. Ich sagte es schon: ein ununterbrochenes heißes Gespräch; für mich gab es da nicht mehr die Möglichkeit eines Ausweichens, wenn vor meinen Augen versucht wurde, Schwierigkeiten, die es auf verschiedenen Gebieten des gesellschaftlichen Lebens gab, den Autoren anzulasten, die in Manuskripten und Filmen darüber zu schreiben begannen. Ein neues Lebensgefühl hatte sich, besonders in einigen Filmen, zu artikulieren begonnen – unvollkommen, kritikwürdig durchaus (wie übrigens auch unser Film sehr kritikwürdig war) –, aber das ist es ja eben, und auch das brachte mich zur Verzweiflung: Die notwendige künstlerische Diskussion, die Kritik unter Kollegen, die allen helfen könnte, bleibt aus, wenn ungerechtfertigte, ja demagogische politische Vorwürfe erst mal alle dazu zwingen, sich mit dem Werk eines Autors zu solidarisieren.

Es ging um den Realismus. Mindestens seit dem XX. Parteitag war ich auf der Seite derer, die es für sehr gefährlich hielten, wenn vorhandene Widersprüche nicht aufgedeckt werden. Ich wollte wissen, wo ich lebe. Ich habe, was ich nur kriegen konnte, gelesen, und wo ich es kriegen konnte: über die Geschichte der KPdSU, über die Geschichte unserer Partei, ich habe mich eng mit Menschen befreundet, die in der Nazizeit im KZ saßen und dann, unter unsinnigen Beschuldigungen, auch wieder in der DDR im Gefängnis saßen. Von wem ich nur annahm, daß er mir etwas sagen konnte, was nicht in bisherigen Veröffentlichungen zu finden war, mit dem habe ich gesprochen. Du kannst mir glauben, oft ist da die Schmerzgrenze erreicht und überschritten worden – übrigens natürlich auch im Gespräch mit sowjetischen Freunden, beim Lesen von Büchern sowjetischer Autoren, die, nicht bei uns, nach und nach erschienen.

HÖRNIGK Noch einmal zurück zum *Geteilten Himmel*. Da gab es für mich in der Rezeptionsgeschichte eine widersprüchliche Erscheinung: einerseits die bis tief ins Persönliche gehenden Verletzungen, die da von bestimmten Leuten ausgehen – dieser Artikel in der »Freiheit«! –, die dich der »Dekadenz« bezichtigten und so weiter. Das muß ja sehr kränkend gewesen sein.

Und andererseits die Erfahrung, daß sich nicht unwichtige Leute aus dem kulturellen Bereich irgendwann entschlossen, die Schärfe der Debatte abzuschwächen und dich vor den unqualifiziertesten Angriffen zu schützen. Das war ja *vor* dem 11. Plenum. Mir scheint, daß es zwischen dem 13. August 1961 und dem 11. Plenum 1965 eine Zeit gegeben hat, in der es neue Hoffnungsansätze gab, in der kulturell viel passierte. Um so erschreckender diese plötzliche Zuspitzung. Ich glaube, sie war von euch nicht erwartet worden.

WOLF Doch, unmittelbar vorher gab es sichere Anzeichen dafür, aber das kann man heute, wenn man auf die Presse von damals angewiesen ist, nicht mehr erfahren. Es liegt alles in unserer Erinnerung ... Aber es stimmt: Eine Zeitlang hatten wir geglaubt, uns einen Freiraum erarbeitet zu haben; wir, das waren Autoren unserer Generation, aber vor allem auch schon Jüngere – acht, neun, zehn Jahre Jüngere, sehr Begabte darunter, Volker Braun, Sarah und Rainer Kirsch, Karl Mickel und andere, die das Gefühl hatten, auf dasselbe hinzuarbeiten, und zwar, salopp gesprochen, nach innen und nach außen. Wir mußten den Mut zu uns selber finden, der Literatur geben, was der Literatur ist, was hieß, uns als Subjekte ausbilden, was damals sehr schwer war (wie schwer, das kann man sich heute gar nicht mehr vorstellen), und den Raum, der ihr gebührt, der Literatur in der Gesellschaft erkämpfen. Darin haben wir uns gegenseitig unterstützt, ermuntert; es gab keinen Neid, keine Mißgunst, keine Konkurrenz unter uns. Jeder freute sich mit dem anderen, wenn er, vielleicht nach zwei, drei Jahren, seinen Gedichtband »durch« hatte, wie es so schön hieß, oder wenn ein Film erschien, der »gelegen« hatte, wenn ein Stück *doch* aufgeführt oder wenn ein umstrittenes Manuskript zum Druck genehmigt wurde. Das waren so unsere Siege. Dabei waren wir weder verbittert noch gar hoffnungslos – im Gegenteil. Die meiste Zeit hatten wir ja doch das Gefühl eines Rückenwindes, wenn der manchmal auch ganz schwach erschien. Wir sahen uns auch nicht etwa einer Front gegenüber, die gegen uns stand. Immer gab es Differenzierungen, auch in der Kritik, wenn auch manchmal erst spät. Wir sahen verschiedene Strömungen in der Gesellschaft. Wir hatten das Gefühl, die Realität bewege sich auf Dauer in die gleiche Richtung wie wir, und wir könnten, zusammen mit den Leuten aus der Wirtschaft, aus der Wissenschaft dieser progressiven Richtung zum Durchbruch verhelfen. Vergiß nicht, daß viele von uns, dem vielgeschmähten »Bitterfelder Weg« folgend, in Betrieben waren, Freundschaften mit Leuten aus Brigaden, mit Wirtschaftsfunktionären schlossen, Einblick bekamen in ökonomische Prozesse und Widersprüche. Das war alles sehr anstrengend, aber auch hoch interessant, und wir waren immer noch jung, zwischen dreißig und fünfunddreißig. Und es gab für uns keine Alternative. Sollten wir das Westdeutschland Adenauers und

Globkes oder Erhards als möglichen Lebensort in Betracht ziehen? Dieses Land hier war – großmäulig gesprochen – unser Kampffeld, hier wollten wir es wissen, hier sollte es passieren, und zwar noch zu unseren Lebzeiten. Wahrscheinlich gibt es immer am Anfang einer gesellschaftlichen Entwicklung so ein beschleunigtes Zeitgefühl ...

HÖRNIGK Dann kommt die Erfahrung oder das Bewußtsein, daß alles viel länger dauern würde, als ihr es am Ende der fünfziger Jahre glaubtet –

WOLF – und daß etwas anderes dabei herauskommen würde, als wir dachten. Das ist normal, aber man muß es Tag für Tag durchleben. Man »weiß« übrigens alles schon viel eher, als man es aussprechen kann. Und dann braucht man noch längere Zeit, um darüber schreiben zu können.

HÖRNIGK Könnte man sagen – um dich indirekt zu zitieren –, du hast es noch nicht »überwunden«, um es erzählen zu können?

WOLF Überwunden habe ich es, glaube ich, ich habe mich auch von den Abhängigkeiten weitgehend befreit, die ein selbstbestimmtes, vorurteilsloses Denken behindern. Von Abhängigkeiten, nicht von Bindungen und von Verantwortung, das ist ein Unterschied. Und doch dauert es bei mir dann immer noch lange, ehe ich über einen zentralen Lebensstoff schreiben kann. Bei *Kindheitsmuster* waren es mehr als fünfundzwanzig Jahre, ehe ich anfangen konnte ... Da gehen bestimmte Prozesse in einem vor, die man nicht willkürlich beschleunigen kann.

HÖRNIGK *Christa T.* demonstriert dann ziemlich deutlich eine neu gewonnene Wirklichkeitssicht, auch eine Sicherheit, diese Wirklichkeitserfahrung in neuer Weise niederzuschreiben. Dennoch hast du gerade bei diesem Buch wiederum, wie ich mir vorstellen kann, sehr belastende Erfahrungen in der Rezeption durch die Kritik gemacht. Können dich solche Dinge lähmen? Gab es nach dem, was du mit *Nachdenken über Christa T.* erlebtest, Zeiten, in denen du dich beim Schreiben gehemmt fühltest? Bist du abhängig von Kritik?

WOLF Ich bin nicht so abhängig davon wie manche Schriftsteller – darunter sehr bedeutende –, von denen man hört, daß eine herbe Kritik sie für Tage in Depressionen treiben konnte: Thomas Mann, Virginia Woolf ... Ganz unverständlich ist mir diese Reaktion allerdings nicht, besonders dann nicht, wenn du spürst, daß eine Kritik sich gegen deine Person richtet, daß ein Vernichtungswunsch hinter ihr steht. Dem standzuhalten finde ich doch manchmal schwierig. Hinzu kam, daß meine Bücher – gerade *Christa T.* ist dafür ein aussagekräftiges Beispiel – oft zwischen die kulturpolitischen Fronten gerieten. Wir befanden uns ja im kalten Krieg, es brauchte nur ein westdeutscher Kritiker dieses Buch in kalkulierter Absicht »positiv« als Anti-DDR-Buch zu interpretieren, um hier eine Lawine in Gang zu setzen, die ich im einzelnen jetzt gar nicht schildern will. Bitter war, daß einzelne Kollegen sich aus Angst in die Kampagne einspannen ließen, und besonders bitter, daß der Verlag, der das Buch publiziert hatte, sich öffentlich von ihm distanzierte. Meine Existenz in diesem Land als gesellschaftliches Wesen wurde in Frage gestellt, ich habe danach längere Zeit gebraucht, um wieder schreibfähig zu werden. Aber in diesen Auseinandersetzungen, in denen ich mich lange abmühte, meine Angreifer davon zu überzeugen, daß ich doch dasselbe wollte wie sie, wuchs mir eine hilfreiche Einsicht: Ich begriff auf einmal, daß ich *nicht* dasselbe wollte wie sie, daß sie sich durch mein Buch bedroht fühlten und darum so heftig reagierten. Danach ging es mir besser. Danach haben mich Kritiken manchmal immer noch betroffen, auch bedrückt. Sie haben mich aber auch, sozusagen paradoxerweise, in künftigen Arbeitsvorhaben bestärkt. Und die Zeiträume, nach denen ich wieder arbeitsfähig war, wurden kürzer.

HÖRNIGK Eigentlich hätten die Reaktionen dich nicht überraschen dürfen, denn was du mit *Christa T.* in die Debatte brachtest, mußte in dem damaligen Umfeld sehr rigoros wirken.

WOLF Sicher. Konflikte wurden artikuliert, die man nicht

wahrhaben wollte, eine subjektive Befindlichkeit beanspruchte ihr Recht, sich auszudrücken. Aber damals hatte ich beim Schreiben noch eine Schutzhaut, unter der ich unbefangen, fast naiv arbeiten konnte. Die war dann natürlich weg, es wurde immer schwerer, diesen Freiraum zu erzeugen, den man zum Schreiben braucht. Aber jedenfalls war ich nun nicht mehr abzudrängen von dem, was ich machen mußte, ich erwartete nicht mehr, hier öffentlich akzeptiert zu werden, ich erfuhr später auch, wie es ist, ausgegrenzt zu werden – eine nützliche, wenn auch sehr schmerzliche Erfahrung. Übrigens war das ein langer Prozeß, mit verschiedenen Phasen, hier vereinfacht in der Kürze. Die Texte, die ich nach der Biermann-Affäre 1976 schrieb – *Kein Ort. Nirgends* und der Günderrode-Essay – sind Aufarbeitungen solcher Erfahrung. Es hat damals ziemlich lange gedauert, ehe ich das artikulieren konnte. – Übrigens glaube ich nicht, daß ein engagierter Autor derlei nur bei uns erleben kann. Man könnte daraufhin die Lebensgeschichte zum Beispiel von Heinrich Böll untersuchen ... Es gehört einfach zum Berufsrisiko, glaube ich. Abgesehen von den direkt politischen Meinungsverschiedenheiten, die in solchen Konfliktsituationen scheinbar im Vordergrund stehen: die strikte, immer weitergehende Arbeitsteilung seit dem Beginn des bürgerlichen, des Industriezeitalters, die die Mehrheit der Produzenten in frustrierende Arbeitsprozesse zwingt, erzeugt auch bei vielen eine Abwehrhaltung gegen jene wenigen, die eine nicht entfremdete Arbeit machen dürfen und deren Lebensverhältnisse stärker durch sie selbst bestimmt werden. Und die starke Subjektivität, ohne die keine Literatur entsteht, dieses Bestehen der Autoren darauf, sich auszudrücken, verletzt solche Menschen. Das ist mir nicht so unverständlich. Ich muß auch damit rechnen, daß manche meiner Bücher inhaltlich auf Widerstand stoßen: Zum Beispiel haben einige Wissenschaftler bei *Störfall* mit Abwehr reagiert (andere wiederum mit Nachdenklichkeit und sogar Zustimmung), aber das war ja klar. Das Buch enthält ja polemische Elemente.

HÖRNIGK Die abweisenden Reaktionen haben vielleicht auch ein bißchen damit zu tun, daß der moralische Anspruch in deinen Texten für unangemessen gehalten wird ...

WOLF ... den ich übrigens selbst nicht vertreten würde.

HÖRNIGK Er wird aber, glaube ich, suggeriert, nicht zuletzt durch eine gewisse Tonlage, die nicht die fröhlichste ist. In diesem Zusammenhang möchte ich nach deinem Verhältnis zu Johannes Bobrowski fragen, du hast dich ja auf ihn berufen. Es gibt von ihm diesen schönen Satz: Alles auf Hoffnung, mehr ist nicht zu sagen. Schreiben »auf Hoffnung hin« – das ist so eine Metapher, die auch bei dir auftaucht, sowohl in der Essayistik als auch in der Prosa. Zum Beispiel in *Kein Ort. Nirgends*: »Wenn wir zu hoffen aufhören, kommt, was wir befürchten, bestimmt.« Ist das Zufall? Wie kam es, daß damals offensichtlich eine Art Sog ausging von Bobrowski, der ja, wie man weiß, in seiner Zeit auch nicht gerade ein Erfolgsautor war mit seinen Ansichten, die geradezu zwangsläufig in Kollision geraten mußten mit bestimmten gängigen Auffassungen von Literatur.

WOLF Bobrowski hat auf mich nur als Autor gewirkt, persönlich habe ich ihn nur ganz wenig gekannt, aber ich entsinne mich an Menschen, die ihn gut kannten und viel von ihm erzählten, natürlich auch daran, daß Gerhard sich viel mit ihm beschäftigte, ihn öfter traf. Er wollte ja über ihn schreiben, da starb Bobrowski. Da hat er die *Beschreibung eines Zimmers* geschrieben, ohne den Bewohner dieses Zimmers. Und auch ich bin dann in diesem Zimmer gewesen, bei Bobrowskis Familie. Aber deine Frage zielt auf etwas anderes. Der »Sog«, von dem du sprichst, ging aus von seiner Prosa. Da hörte man jemanden reden durch seinen Text: »Rede, daß ich dich sehe« ... Ich suchte ja nach einer Möglichkeit, mich auszudrücken, die nicht konventionell sein durfte, die konventionelle Methode, eine »Geschichte« zu erzählen, hätte das Netzwerk von Beziehungen, mit dem ich umging, nicht fassen können. Und, das muß man wissen, wir waren ja damals noch nicht sehr eingeweiht in die moderne Literatur und ihre Stilmöglichkeiten, ihre Autoren mußten einzeln durchgesetzt werden. Bobrowskis Art und Weise, sich frei in seinem Stoff zu bewegen, anachronistisch zu sein, den inneren Monolog zu behandeln, umgangssprachliche Elemente in stilisierte Dialoge hineinzunehmen – das hat mir alles zuerst mal einfach »gefallen«, wenn ich es las, und ich glaube schon, daß er mir auch bestimmte technische Möglichkeiten des Schreibens eröffnet hat (übrigens, das fällt mir gerade ein, in anderer Weise auch Aragon).

Ich brauche für jede meiner Arbeiten sehr viele Anfänge, ich schreibe mich ganz allmählich an die Freiheit gegenüber meinem Material heran, das ja erst, indem es eine ihm gemäße Form findet, zum literarischen Stoff wird: Diesen Prozeß habe ich an den Vorarbeiten zu *Christa T.* ein für allemal begriffen, über die vielen Versuche in herkömmlich realistischem Stil, Bobrowski verführte mich nicht zur Nachahmung, sondern dazu, meinen eigenen Ton zu finden.

HÖRNIGK Für mich ist in deiner Prosa, so sehr sie auch von der jeweiligen Zeit geprägt ist, von Anfang an faszinierend (auch bei der von dir selbst stark kritisierten *Moskauer Novelle*), daß da eine Form gesucht wird, die nicht einem traditionellen Verständnis von Vermittlung von Totalität oder etwas Ähnlichem entsprechen sollte. Das finde ich auch beim *Geteilten Himmel,* wo es, im nachhinein betrachtet, deutliche Brüche und Probleme gibt, während die Form bei *Christa T.* dann schon sicher erscheint; auch beim Wiederlesen heute hat man das Gefühl, hier hat jemand seinen Stil gefunden, seine Möglichkeiten erkundet, Inhalt und Form organisch aufeinander zu beziehen. Diese Form entsprach nun kaum dem Ideal, das da im Lande herumlief, und daß sie auf Abwehr stoßen mußte, kann nicht verwundern.

WOLF Dann muß es um so mehr verwundern, wie viele Leser damals schon imstande waren, ein derartiges Buch zu akzeptieren. Der Boden für seine Aufnahme war bereit. Immer wieder sagte und sagt man mir, ich schreibe »schwierig« – aber das schien und scheint doch für viele Leser kein unüberwindliches Hindernis zu sein.

HÖRNIGK Daran knüpft sich meine Frage, ob sich über die Zeit hin aus deiner Sicht Veränderungen ergeben haben in dem, was du durch Schreiben bewirken kannst. Schreiben als erste Voraussetzung zur Veränderung mit dem Ziel, die eigene Hoffnung zu artikulieren, möglicherweise auch Hoffnung zu vermitteln. Franz Fühmann hat ja in einem seiner Aufsätze sehr schöne Erklärungen gegeben für das, was er bewirken will, hat erklärt, warum er seine Literatur als Lebenshilfe versteht – er sah dieses Wort identisch mit dem humanen Auftrag der Literatur. Wie ist dein Wirkungskonzept, hat es sich im Laufe der Zeit verändert?

WOLF Als ich zu schreiben begann, hoffte ich – wie wir alle damals – Literatur könne gesellschaftliche Veränderungen mit bewirken. Eigentlich das Konzept der frühen Aufklärung. Wir haben dann allmählich gelernt, daß es längere Perioden in der Geschichte gibt, in denen Literatur nur sehr vermittelt auf Veränderungen einwirkt, unterirdisch, indirekt – manchmal »nur«, indem sie einfach durch ihr Dasein Menschen hilft, den Mut nicht ganz sinken zu lassen. Wenn »Lebenshilfe«, dann in diesem Sinn. Ich habe Lebenshilfe für andere nie als Ziel meiner Schreibarbeit angesehen, und doch habe ich die meiste Zeit über das Gefühl gehabt, gebraucht zu werden. Aber zunächst und vor allem bin ich es selbst, die es braucht, zu schreiben, als Mittel der Selbsterkenntnis, auch als Mittel der Entlastung, wenn der Druck der Selbstzweifel übermächtig zu werden droht. Schreiben ist einfach meine Existenzform. Ich würde ja auch schreiben, wenn niemand das drucken wollte, wenn ich kein Publikum hätte. Den moralischen Anspruch richte ich doch zuallererst auf, manchmal gegen mich. Ich leugne nicht, daß es Leser gibt, die in meinen Büchern auch eine Art von Lebenshilfe suchen und vielleicht auch finden, manchmal nehmen sie Literatur auch als Ersatz für unerfüllten Lebensanspruch. Aber zeigt das nicht eigentlich, daß sie sich

60

abgeschnitten sehen von den ihnen angemessenen Tätigkeiten? Und daß die Institutionen, die in den neuzeitlichen Gesellschaften, welche ihre Mitglieder vielfach überfordern, für Lebenshilfe zuständig sind, bei uns zu schwach entwickelt wurden? Eine Autorin ist weder ein Pfarrer noch ein Psychologe. – Allerdings: In einem Wertsystem spielt die Literatur innerhalb ihres kulturellen Zusammenhangs eine wichtige Rolle, dem entziehe ich mich nicht. Doch wird, wenn all dies zur Sprache kommt, die ästhetische Seite der Literatur meist außer acht gelassen. Wozu nimmt man die Anstrengung der Form auf sich und schreibt nicht einfach Traktate? Mir scheint, man wundert sich auch in der Literaturwissenschaft zu wenig über die Existenz der ästhetischen Seite der Literatur, der literarischen Formen. Übrigens: In der UdSSR ist jetzt wieder eine Zeit herangekommen, in der die Literatur, die Kunst überhaupt, direkt auf gesellschaftliche Veränderungen Einfluß nehmen kann, indem sie ihnen vorausgeht, die Vergangenheit, so schmerzlich sie sein mag, heraufholt und aufarbeitet, in der Gegenwart progressive Kräfte aktiviert.

HÖRNIGK Deiner Art zu schreiben wird ja oft unterstellt, daß das Aussprechen von Ängsten angstauslösend wirkt – das ist doch eine verbreitete Rezeptionsweise. Das Aussprechen von Ängsten wird nicht als Resignationsabwehr verstanden; es wird nicht verstanden, daß Angst aussprechen bedeutet, bewußter damit umgehen zu können. Insofern gibt es doch schon Literatur, die, gerade durch die ästhetische Vermittlung, als eine Art...

WOLF Modell, als eine Art Modell wirkt. Das ist ein Wort, das mir gefällt. Alle Industriegesellschaften sind ja unter anderem riesige Verdrängungs- und Abwehrmechanismen, auch von Angst, von allen möglichen Frustrationen, anders könnten sie ja gar nicht existieren, nur daß die Erfahrungen und die Gruppen von Menschen, die sie ausgrenzen, diejenigen sind, die sie nötig brauchen würden, um der strukturellen Erstarrung und der Selbstzerstörung zu entgehen, die hinter der fieberhaften Produktion materieller Werte lauern. Weil ich das erkannt habe, versuche ich so beharrlich, der Ausgrenzung zu entgehen, ohne dabei meine Integrität aufzugeben. Das kostet Kraft und ist mit beträchtlichen Selbstzweifeln verbunden; du glaubst nicht, wie groß und verführerisch die Versuchung sein kann, dem ganzen Literaturbetrieb, dem »Betrieb« überhaupt, den Rücken zu kehren und nur noch für sich selbst zu schreiben. Aber ich denke eben – da mag ich mich ja irren –, daß die Literatur und die Literaten die Aufgabe haben, diese ganzen unter der Decke gehaltenen Gefühle, Triebe, Sehnsüchte, Ängste bei sich selbst zuzulassen und sie auch möglichst öffentlich zu artikulieren. Aber das heißt nicht, daß Literatur um einer Botschaft willen geschrieben wird.

HÖRNIGK Da ist noch etwas, was mir auf den Nägeln brennt; vielleicht geht das jetzt sehr ins Detail, aber sei's drum: In allen deinen Werken ist Liebe eigentlich immer verbunden mit Trennung. Liebesgeschichten sind Geschichten von Trennung. Liebe ist oft Erzählanlaß, wird dann zum Defizit: Der Verlust von Liebe steht als Metapher für den Verlust an Menschlichkeit. Liebe hat in deinen Werken etwas übergreifend Metaphorisches.

WOLF Ich würde nicht sagen: »Liebe«, eher »Liebesfähigkeit«. Daß Liebespaare sich bei mir häufig, vielleicht immer trennen, ist mir gar nicht so bewußt, erscheint mir auch nicht als so bedeutsam. Ich würde es auch nicht als Scheitern einer Liebe ansehen, wenn ein äußerer Anlaß Liebende trennt (»äußerer« und »innerer« Anlaß wirken allerdings meist zusammen), meine Frage geht eigentlich dahin, ob sie fähig waren oder sind, einander als gleichberechtigte Verschiedene zu lieben: ohne daß einer die andere unterdrückt, ausbeutet, sich auf ihre Kosten hocharbeitet; ohne daß einer dem anderen sich unterwirft, abhängig von ihm ist, seine »Liebe« um jeden Preis braucht, um eine innere Leere auszufüllen. Dies ist aber ein häufiges Schema der Beziehungen zwischen Mann und Frau heute: daß sie ihre Verbindung nicht dazu nutzen können, sich gegenseitig produktiv zu machen, daß die Beschädigungen, die sie in unserer Zivilisation in früher Kindheit unvermeidlich erfahren, sie zu zwingen scheinen, sich gegenseitig zu zerstören. Dies ist der Punkt, an dem die gesellschaftlichen Verhältnisse in das scheinbar »privateste«, »intimste« Verhältnis eingreifen, daher wohl die »übergreifend metaphorische Bedeutung«, die dieses Verhältnis bei mir bekommt.

Übrigens: Der ganze *Faustus*-Roman von Thomas Mann, durchaus als Studie zur Vorgeschichte des deutschen Faschismus konzipiert, stellt die zentrale Figur, einen genialen »Tonsetzer«, unter das Verdikt: Du darfst nicht lieben. Liebesunfähigkeit als Preis für Freisetzung der Genialität – eine qualvolle Selbstauseinandersetzung eines männlichen Künstlers ... Ein weites Feld. Frauen sind weniger bereit, diesen Preis zu zahlen – bisher jedenfalls.

HÖRNIGK Von einer scheinbar ephemeren Seite her berühren wir da einen Themenkomplex, der mich sehr interessiert, der auch für uns alle immer wichtiger wird: In einem Interview von 1978 hast du gesagt, man müßte die Wirklichkeit dieser Gesellschaft an ihren Zielen messen, man müsse die Sehnsucht wachhalten nach einer »realistischen Utopie«. Nun ist die Verwirklichung jener Ziele, an die du damals sicherlich gedacht hast, sehr viel weiter in die Ferne gerückt; mich würde interessieren, wie du heute das Verhältnis zu utopischen Entwürfen siehst. Ob Utopie – im Sinne realer Hoffnung – noch zu formulieren ist, oder ob die globalen Entwicklungen, die reale Bedrohung der Existenz dieses Planeten, nicht auch die Utopien verändern.

WOLF Doch, das glaube ich schon. Es ist ein Vorgang, der sich schleichend vollzogen hat, heute können wir das Ergebnis konstatieren: Die alten Utopien sind tot. Auch die Ziele haben sich geändert. Soll ich das nun beklagen? »Utopie« heißt ja: »Kein Ort«. Ein Traum, dem auf Erden kein wirklicher Ort zugedacht ist? Unsere Lage ist zu gefährlich, als daß wir uns in unrealistischen Träumen verfangen dürften. Etwas anderes ist, glaube ich, der Verlust von Idealen, von ethischen, moralischen Werten: ohne die kommt kein Mensch und kommt keine Gesellschaft aus, ohne die wird das Zusammenleben der Menschen zu einem Alptraum, und sei es auf einem noch so hohen Niveau des Lebensstandards. Ich sehe, wie in verschiedenen Ländern, die ich kenne, auch bei uns, besonders jüngere Leute praktisch Lebensweisen entwickeln, die ihren Vorstellungen von einem nichtgewalttätigen, produktiven Zusammenleben nahekommen. Das sind überall die gleichen Ideale, es ist der gleiche Menschentyp, der sie vertritt. Aber ich kann es mir bis jetzt nicht vorstellen, welche Veränderungen auf welche Weise eintreten könnten – ohne vorherige Katastrophe –, die die jetzigen destruktiven Groß-Strukturen unwirksam machen und durch produktive Strukturen ersetzen würden. Diese Megamaschinen, diese Monster von Monopolen, Konzernen, Bürokratien, diese Armee- und Staatsapparate: Ich sehe sie in einem Teil der Welt schon wieder eifrig und eilfertig am Werke, eine Schlappe, die sie erlitten haben – Abrüstung in einem Teilbereich –, auszuwetzen. Nur ja nicht grundsätzlich von ihren destruktiven Strukturen lassen müssen. Da mache ich mir keine Illusionen mehr, glaube ich (auch das kann eine Illusion sein), andererseits würde ich es für fahrlässig halten, alle Hoffnung aufzugeben. Gerade die letzten Jahre haben mich, kaum noch erwartet, eines Besseren belehrt. Wenn sich nur ein Zipfelchen zeigt, wo man etwas anpacken kann, dann muß ich es ergreifen. Ich kann anscheinend nicht anders, auch das mag generationstypisch sein. Dann muß ich mich eben wieder äußern oder sonstwie ins Getümmel begeben.

HÖRNIGK Günter de Bruyn hat mal gesagt, Nichtübereinstimmung mit der Welt, in der zu leben man gezwungen ist, wird in besonderem Maß von dem als schmerzlich empfunden, der Übereinstimmung ersehnt.

WOLF Da hat er recht. Er benennt da Schmerzen einer frühen Phase bei mir. Heute ersehne und erwarte ich nicht mehr »Übereinstimmung«, ich versuche mir nur immer wieder ein

64

Stück Boden freizuschaufeln, auf dem ich mit beiden Füßen stehen kann, von dem aus ich das Meine schreiben, hin und wieder auch sagen kann.

HÖRNIGK Aber du schreibst auch immer noch Briefe, aus gegebenem Anlaß, mit denen du etwas bewirken willst.

WOLF Manchmal schreibe ich einen Brief, um mich selbst im Spiegel ansehen zu können. Manchmal kann man im Einzelfall etwas bewirken. Aus Erfahrung weiß ich, daß, wenn es hundert Briefe gibt, der hundertste dann derjenige sein kann, der alle anderen mit zur Wirkung bringt. Den möchte ich nicht versäumt haben.

HÖRNIGK Du merkst es wahrscheinlich täglich, daß Menschen in dir eine Instanz sehen, nicht zuletzt durch die Anliegen, die sie an dich herantragen. Wie fühlst du dich in dieser Rolle?

WOLF Diese Problematik gehört zum schwierigsten in meinem Leben, oft sehe ich sie schlicht als Unglück an. Helfen, wenn man helfen kann – das ist eine normale Sache, egal, ob man Autorin oder Briefträger ist; davon ist hier nicht die Rede. Aber man müßte mal untersuchen, wann das historisch angefangen hat, daß das Bedürfnis vieler Menschen nach der Autorität einer Instanz sich auf Literaten verlagert hat – wahrscheinlich mit der Säkularisierung des öffentlichen Lebens. Das ist aber ein Vorgang, eine Zumutung, die ins Fleisch schneidet, dem, den sie betrifft. Unmittelbarkeit und Spontaneität im Umgang mit anderen werden schwerer, der lebendige Mensch wird institutionalisiert, Schwäche, Irrtümer und Fehlentscheidungen lösen eine übertriebene Enttäuschung aus, die sich bis zu Abneigung, ja Haß steigern kann: Dies ist die Kehrseite der Medaille. Vor allem: Ich weiß, daß nicht ich gemeint bin, sondern das Bild, das man sich von mir macht. Es fällt mir schwer, dem standzuhalten.

HÖRNIGK Ich habe es zuerst in der Büchner-Rede gefunden, dann wieder deutlich in *Störfall* – die Metapher von dem »blinden Fleck«, sowohl im einzelnen als auch in einer Gesellschaft, den du schreibend angehen willst. Warum spielt diese Metapher jetzt eine so große Rolle bei dir? Drückt sich darin auch eine gewisse Scheu vor einem Exhibitionismus aus, der dir augenscheinlich nicht liegt, weil das Sich-Annähern an den blinden Fleck einen ja in den Grenzbereich von Scham und Schuld bringt, dessen, was man noch oder eben nicht mehr aussprechen kann; was vielleicht, literarisch gesprochen, eben deshalb auch nicht formbar sein mag. Diese Grenzen liegen bei jedem Menschen, auch bei jedem Autor, anders. Meine Frage ist: Haben diese Grenzen sich für dich in den letzten Jahren erweitert, so daß es dir möglich wird, in Randbereiche vorzudringen, die dir früher nicht zugänglich waren?

WOLF Mit jeder neuen Arbeit stehst du vor dieser Grenze, immer reizt es dich, sie zu überschreiten, immer ist da eine Gegenkraft, die dich zurückhält. Mir ist es nie leichtgefallen, gewisse Barrieren zu durchbrechen – persönliche, persönlich-politische –, und anscheinend sensibilisiert sich mit dem Älterwerden noch das Gefühl für Versäumnisse und Schuld, ohne die man heutzutage nicht lebt. Das macht das Schreiben noch schwerer, während natürlich der Zeit-Druck wächst. Literatur kann ja den »blinden Fleck« dieser Zivilisation, den Grund für ihre Destruktivität, ihre Liebesunfähigkeit, nur in persönlichen Geschichten umkreisen, mit denen der Autor, die Autorin, was für Personen er oder sie wählen mag, sehr nah an sich selbst, an sein Versagen, seine Schuld herangehen muß. Ich kann diesen Problemkreis nicht von außen angehen, aus der Position des besserwissenden Kritikers. Zweimal in ihrem Leben wurden Angehörige meiner Generation daran gehindert – oder: ließen sich daran hindern –, sich der ganzen schrecklichen, verbrecherischen oder tief widersprüchlichen Realität zu stellen, ich glaube, das ist einzigartig für das Leben eines Menschen. Die psychischen Folgen sind, scheint mir, noch kaum beschrieben, unglaublich schwer beschreibbar. Nun fangen die Jüngeren an, uns danach zu fragen, die Selbstbefragung kommt in ein akutes Stadium. Ich muß mich der Herausforderung stellen, ohne zu wissen, wie ich da herauskommen werde. Daher wohl diese Phantasien, nicht mehr publizieren zu müssen.

HÖRNIGK Aber du bist doch jemand, der sehr interessiert ist an Kommunikation, deine ganze Schreibweise geht auf Kommunikation, du richtest das Wort an einen vorgestellten Leser, zwingst ihm die Kommunikation geradezu auf. Liegt da nicht ein gewisser Widerspruch?

WOLF Unbestreitbar. Welche Seite des Widerspruchs »gewinnt«, wird sich später herausstellen. Zwischen solchen Spannungen entsteht ja Literatur: Nicht einen Millimeter unter dem zu bleiben, was du gerade noch ausdrücken kannst, was du mit aller Anstrengung dir noch abzwingen kannst, ohne daß die Anstrengung merkbar wird, auch die schwierige Balance zu finden zwischen der Einsamkeit der Selbstauseinandersetzung und dem Lebenselixier der Kommunikation. Diese Art Spannungen bilden dann, wenn der Balanceakt gelingt, unausgesprochen das Skelett der Prosa, ohne das sie, wie brisant ihr »Thema« sonst scheinen mag, einfach zusammensacken würde. Äußere Spannung ist bei mir ja nicht so viel zu finden . . .

HÖRNIGK Hast du eigentlich das Gefühl von vergehender Zeit? Ist das etwas Bedrückendes für dich?

WOLF Das Gefühl von vergehender Zeit, von Vergänglichkeit, habe ich stark, das ist manchmal bedrückend, manchmal auch wohltätig. Manchmal kann es mir nicht schnell genug gehen, dann wieder kriege ich Angst, daß die Zeit nicht ausreichen wird, das noch zu machen, was ich machen möchte. Da ich aber weiß, daß ich diesen Prozeß nicht künstlich beschleunigen kann, muß ich mir einfach Geduld abgewinnen.

Übrigens: Ist es nicht merkwürdig, daß wir die meiste Zeit gesprächsweise Probleme umkreist haben, die unter die Rubrik »Vergangenheitsbewältigung« fallen? Merkst du, wie unsere jüngere Geschichte – unsere eigene Lebensgeschichte und die dieses Landes – mit ihren unerledigten Widersprüchen und unausgetragenen Konflikten jetzt dicht unter der Oberfläche zu pochen beginnt? Das könnte interessant werden.

*Juni 1987/Oktober 1988*

# Brief an das P.E.N.-Zentrum der DDR

*24. Februar 1989*

Liebe Kollegen,

mit Genugtuung habe ich heute der Berliner Zeitung entnommen, daß sich das P.E.N.-Zentrum DDR mit dem britischen Schriftsteller Salman Rushdie, der von iranischen Morddrohungen verfolgt wird, solidarisch erklärt hat. Natürlich schließe ich mich dieser Stellungnahme an.

Ich bitte das Präsidium des P.E.N.-Zentrums DDR, sich auch für den tschechischen Schriftsteller Václav Havel einzusetzen. Wie Ihr wißt, wurde er vor wenigen Tagen wegen einer öffentlichen Meinungsäußerung zu 9 Monaten verschärfter Haft verurteilt.

Ich ersuche das Präsidium des P.E.N.-Zentrums DDR, sich an das P.E.N.-Zentrum der ČSSR zu wenden und es zu einer solidarischen Stellungnahme für Václav Havel aufzufordern. Gleichzeitig sollte unser P.E.N.-Zentrum selbst seine Solidarität mit Václav Havel öffentlich bekunden. Ich glaube, daß eine solche Aktivität unbedingt zu den Aufgaben des PEN-Clubs gehört.

Mit freundlichen Grüßen
Christa Wolf

# Überlegungen zum 1. September 1939

*Rede in der Akademie der Künste, Berlin*

Der Text für diese Veranstaltung fällt mir nicht leicht, aus mehreren Gründen: Meine Erinnerung an die ersten Kriegstage habe ich aufgeschrieben, ich möchte mich nicht wiederholen. Andererseits: Gerade in den aktuellen Ereignissen um diesen Jahrestag herum, in dem starken, heftigen Geschiebe der Zeitschollen, drängen ältere, noch geschichtsmächtige Schichtungen nach oben, es ergeben sich unvorhergesehene Verknüpfungen zwischen jener noch nahen Vergangenheit und der Gestaltung unserer unmittelbaren Gegenwart, weitere zeichnen sich ab. An einem Abend wie diesem kann ich über den 1. September 1939 nicht nur als über ein historisches Datum sprechen. Aber ich bin mir nicht sicher, ob ich schon in der Lage bin, die permanente Unruhe zu artikulieren, in die die allerjüngste Zeitgeschichte mich versetzt.

Allein der Bedeutungswandel, den frühe Eindrücke durch spätere, veränderte Belichtungen erfahren: Dunkel, sehr dunkel erinnere ich mich, daß die Meldungen im »Landsberger General-Anzeiger« über den Abschluß eines Nichtangriffsvertrages zwischen Deutschland und der Sowjetunion in mir, der Zehnjährigen, die diffusen, natürlich nicht formulierten Fragen aufkommen ließen, ob das mit einem grauenerregenden Umschlag versehene Buch *Der verratene Sozialismus* im Bücherschrank meiner Eltern nun ungültig geworden sei; wie meine Eltern selbst die Nachricht aufgenommen haben, wüßte ich nicht zu sagen. Erst von deutschen Kommunisten, zu der Zeit in Konzentrationslagern oder in der Emigration, erfuhr ich seit Ende der fünfziger Jahre von den qualvollen Konflikten, in die der Hitler-Stalin-Pakt sie stürzte, und es mag vor fünfundzwanzig Jahren gewesen sein, daß mir ein litauischer Schriftsteller am Strand von Gagra, in Georgien, von jenem heute nicht mehr bestrittenen Zusatzabkommen erzählte, das

Polen und die baltischen Staaten zu Objekten zweier Großmächte machte und dessen Auswirkungen heute paradoxerweise gerade für diejenigen Kräfte in der UdSSR problematisch werden, die begonnen haben, sich lange unterdrückten historischen Wahrheiten zu stellen.

So könnte ich von einer Reihe geschichtlicher Ereignisse, deren stark interessierte, irregeleitete und unreife Zeugin ich als Kind und sehr junges Mädchen wurde, Linien in unsere Tage ziehen. Nehmen wir also den Kriegsanfang, den Überfall auf Polen, den Tag, der sich mir mit einem holzschnittartigen Bild eingeprägt hat: Jene exakt in Reihen ausgerichteten Soldaten der Deutschen Wehrmacht, die, den Blick starr geradeaus gerichtet, ihr Gewehr zwischen den Knien, so daß die Endpunkte der Gewehrläufe eine gedachte gerade Linie bildeten, an unserem Haus vorbei in Richtung Osten befördert wurden. »Von heute früh fünf Uhr fünfundvierzig an wird zurückgeschossen« (sogar die Zeitangabe war falsch, wie wir wissen): die hysterische, damals für historisch gehaltene Stimme im Ohr, stand ich und warf Zigarettenpäckchen auf die Wagen. In einem Kriegsrausch waren die Deutschen nicht, auch bei uns zu Hause war die Stimmung gedrückt, mein Vater, als Achtzehnjähriger im Trommelfeuer vor Verdun beinahe umgekommen, war wieder »eingezogen«, seit einigen Tagen stand er Wache in einem kleinen Ort an der deutsch-polnischen Grenze, ebenso wie der polnische Posten auf der anderen Seite. Bei jeder Begegnung am Schlagbaum hätten sie einander stumm angeblickt, hätten kehrtgemacht und seien zurückmarschiert. Am 1. September 1939, früh gegen halb fünf, habe er den Befehl bekommen, den Schlagbaum anzuheben, der polnische Grenzposten sei nicht mehr dagewesen, ohne auf Widerstand zu stoßen, sei seine Einheit auf polnisches Gebiet vorgedrungen, einer, der besonders nervös gewesen sei, habe vorsorglich eine Handgranate in ein polnisches Zollhäuschen geworfen, wo sie am Fensterkreuz zurückgeprallt und dann wenige Meter vor ihnen explodiert sei, Splitter hätten den Mann getrof-

71

fen, der sie geworfen hatte. So sei der zu einem der ersten deutschen Verwundeten dieses Krieges geworden. – Dies hat mir mein Vater vor zwei Tagen zum erstenmal erzählt, als zweiundneunzigjähriger kranker Mann.

An der »Heimatfront« hatten inzwischen die Medien – allen voran der »Reichsrundfunk« – der lauen Stimmung aufzuhelfen mit den Fanfaren der Sondermeldungen, nach denen man süchtig wurde, die ein leichtes Dauerfieber erzeugten, eine Hochgestimmtheit und Siegesseligkeit, die die berechtigte Kriegsfurcht der meisten wegspülte, ihren ohnehin geschwächten Realitätssinn noch mehr betäubte, die eingebildeten und wirklichen »Schlappen« und Demütigungen tilgte, die ihr unstabiles, daher übersteigertes und leicht kränkbares Nationalgefühl seit dem Ersten Weltkrieg erlitten hatte, und ihr Schicksal endgültig, auf Gedeih und Verderb, an das eines wahnsinnigen Verbrechers kettete.

Wie schwer es ist, eine solche unheilvolle Identifikation wieder aufzulösen, weiß ich aus eigener Erfahrung, doch das eben war nach dem Zusammenbruch der nationalen Identität der Deutschen am Ende des Krieges eine der dringlichsten Aufgaben. Heute erfahren wir in beiden deutschen Staaten, inwieweit es geglückt ist, der zweiten und dritten Nachkriegsgeneration Identifikationsangebote zu machen, die sie akzeptieren; das hängt auch davon ab, inwieweit diese Staaten ein Problembewußtsein für ihre eigene nun schon vierzigjährige Geschichte entwickelt haben und weiter fördern. Soweit ich sehen kann, ist in der Bundesrepublik der Generation der Täter und Mitläufer Trauer, Reue, Scham weitgehend erspart geblieben, ja sogar ausdrücklich erlassen worden – aus Gründen ihrer Wiederverwendbarkeit im kalten Krieg. Dies war übrigens, füge ich hier schon ein, ein wichtiges Motiv für das Engagement meiner Generation in der DDR: Was wir »drüben« sahen, war die massenhafte Leugnung entweder der Verbrechen oder die Leugnung der Identifikation mit den Verbrechern, und doch hätte ich es nicht für möglich gehalten, daß sich auf deutschem

Boden fünfzig Jahre nach dem deutschen Überfall auf Polen Kräfte in legal zugelassenen Parteien formieren könnten, die eine nennenswerte Zahl von Wählern hinter offenbar immer noch nicht unaussprechlichen, aber unsäglichen Losungen versammeln: »Schlesien bleibt unser«? »Das Deutsche Reich in den Grenzen von 1937«? Mitglieder des Nationalkomitees »Freies Deutschland« – »Verräter«? Trostlos, gefährlich – auch deshalb, weil ein Teil der Rechten in der Bundesrepublik in Argumentation und Politik an diese Ultrarechten heranrükken zu müssen glaubt. Was geschieht da eigentlich. Gibt es auf einmal eine unheilige Allianz zwischen unbelehrbaren Großvätern und unbelehrten Enkeln? Wird dringlich genug nach den Gründen gefragt, die diese Enkel in revanchistische und nationalistische Organisationen treibt, was ja auch heißt, daß sie sich mit den erklärten Zielen des Staates Bundesrepublik Deutschland nicht identifizieren?

Ich lasse die Frage stehen, wende mich brennenden Problemen im eigenen Land zu, die auch über geglückte oder mißglückte Identifikation Aufschluß geben. Ich muß nicht ausführen, was mich letztes Jahr bei einem Gespräch mit einem DDR-Skinhead bewegte, der ein Foto seines Großvaters als SA-Mann bei sich trug und sich mit seinem groß- und gesamtdeutschen, antisemitischen, revanchistischen Gedankengebräu auf ihn und dessen »Führer« berief. Randerscheinungen in der DDR, gewiß, unbedeutend an Zahl, und doch ein Signal, das auch außerhalb von Gerichtsberichten öffentlich deutlicher wahrgenommen und analysiert werden sollte.

In den Jahren vor und nach der Gründung der DDR ist in unserem Teil Deutschlands die Auseinandersetzung mit dem deutschen Faschismus kompromißlos und gründlich geführt worden, und gerade diese Phase der Nachkriegsentwicklung hat die allmähliche Identifikation von uns damals jungen Leuten mit der späteren DDR und mit jenen revolutionären Traditionen aus der deutschen Geschichte begründet, auf die sie sich berief und die in der Bundesrepublik unter Adenauer negiert oder bekämpft wurden. Dazu in einem anderen deutschen Staat eine Alternative zu entwickeln, war uns wichtig. Heute sehen wir – manche von uns –, daß wir zuerst in Gefahr waren, eine Heilslehre gegen eine andere auszutauschen, da es viel schwieriger ist, viel langwieriger auch, neue Strukturen im Fühlen und Denken zu entwickeln, als einfach (auch das war nicht »einfach«) alte Glaubensinhalte gegen neue auszuwechseln. Manche sind dabei geblieben und in dieser gläubigen Pose erstarrt – das sind diejenigen Eltern, Lehrer, Vorgesetzten, von denen so viele heute Junge sich abwenden. Sie können nicht miteinander reden, so wie die Eltern dieser Eltern, das weiß ich aus vielen Briefen, nicht über ihren konkreten Anteil an der Ideologie und den Taten der Nationalsozialisten reden konnten. Von einem bestimmten Punkt an, der natürlich nicht mit einer Jahreszahl zu benennen ist, hat die sehr kleine Gruppe deutscher Antifaschisten, die das Land regiere, ihren Anspruch, die Folgen des Nationalsozialismus überwunden zu haben, auf den ganzen Staat und dessen Bevölkerung ausgedehnt; ich glaube, daß der Widerspruch zwischen diesem öffentlichen Anspruch und der Gegenerfahrung in der Familie und im Alltag in den jungen Menschen, die in der DDR aufwuchsen, Leerstellen, Ratlosigkeit, das Gefühl erzeugt haben, mit wichtigen Fragen allein gelassen zu werden. Die Literatur unternahm es, oft gegen einen beträchtlichen Widerstand der offiziellen Politik, diese vagen Leerstellen auszufüllen mit der Darstellung der konkreten Realität, mit der Evozierung der Widersprüche, welche aus der Geschichte in die Gegenwart dieses Landes hineinwirkten; zunehmend bekamen wir es als Bürger der DDR und als Schriftsteller mit jenen Widersprüchen zu tun, die aus unerledigten Problemen in der Geschichte der deutschen Kommunistischen Partei und aus der unvermeidlichen Übernahme stalinistischer Strukturen und Denkweisen in diesen ersten sozialistischen Staat auf deutschem Boden erwuchsen. Da viele von uns keine Alternative sahen, haben wir, auch ich, versucht, in zähen, oft aufreibenden Auseinandersetzungen – wir Autoren mit Mitteln der Literatur, auf die wir uns zeitweilig zurückverwiesen sahen – Veränderungen auf einen demokratischen Sozialismus zu immer wieder einzufordern und dabei die Bindung, die wir eingegangen waren, die uns mit geprägt hat, auch über oft zerreißende Konflikte hin nicht abzubrechen. Schlagartig haben die Reformen, die Michail Gorbatschow in der Sowjetunion eingeleitet hat, die Zahl der Menschen in der DDR erhöht, die eine Umgestaltung auch in ihrem Land erhoffen – wenn die auch ganz anders aussehen müßte als in der UdSSR, in Ungarn oder in Polen, denn keines dieser Länder hat aufgrund seiner Geschichte und seiner geographischen Lage derart komplizierte Gegebenheiten zu berücksichtigen wie die DDR.

Spreche ich noch, wovon ich sprechen soll? Ich spreche von den Linien, die aus der jüngsten deutschen Vergangenheit in unsere Gegenwart reichen; ich spreche von den immer noch, sicher lange noch anhaltenden Folgen des deutschen Faschismus und des Krieges, in den er Europa gestürzt hat, und da scheint es mir unerläßlich, jene westdeutschen Fernsehbilder nicht auszusparen, die uns in letzter Zeit Scharen junger DDR-Bürger zeigten, die, ihre nagelneuen bundesdeutschen Pässe schwenkend, über die ungarisch-österreichische Grenze liefen. Ich glaube, es sollte jemand, der in der DDR lebt, öffentlich sagen, und ich will es tun, daß dieser Vorgang mich schmerzt, daß alle diese Menschen uns fehlen und daß ich es tief bedauere, daß die Verhältnisse in der DDR diesen jungen Leuten anscheinend keine wie immer streitbare, konfliktreiche Identifikation mit diesem Staat, und sei es im Widerspruch, ermöglicht haben. Gerade der Widerspruch aber muß künftig in der DDR nicht nur geduldet, er muß produktiv gemacht werden als Instrument der Erkenntnis für die vorhandenen, öffentlich immer noch geleugneten Probleme und als Mittel zu ihrer Lösung. Ich denke, dieser notwendige Prozeß müßte beginnen mit einer anderen, realitätsbezogenen Sprache in den Medien der DDR, und ich glaube zu wissen, daß es in der DDR genug

Menschen gibt, alte und junge, denen die Wahrheit zumutbar ist und die nur darauf warten, ihre Vorstellungen von einem sozialistischen deutschen Staat in die Diskussion einzubringen und sie mit zu verwirklichen. So, und nur so kann eine auf Dauer stabile DDR entstehen, die ich für wünschenswert halte, nicht zuletzt, weil sie wichtig ist für den Reformprozeß in der Sowjetunion, von dem für uns alle soviel abhängt – unter anderem, nein: vor allem anderen die Sicherheit, daß der Tag, an den wir uns heute erinnern, der letzte Tag gewesen ist, an dem in Europa ein Land ein anderes überfiel und einen Krieg begann. Dies sollten auch diejenigen bedenken, die den Dialog der Vernunft, der innerhalb der Staaten und zwischen den Staaten dringend nötig ist, durch das Anheizen von Emotionen, durch die Erzeugung eines leichten Dauerfiebers zu stören versuchen.

*31. August 1989*

# Aufforderung zum Dialog

*Gespräch mit Gerhard Rein*

GERHARD REIN Was haben die Bilder, die Vorgänge der vergangenen Wochen, bei Christa Wolf ausgelöst?

CHRISTA WOLF Das geht ja nun schon über eine ganze Reihe von Wochen, und in dieser Zeit haben sich auch die Empfindungen gewandelt – oder soll ich sagen: entwickelt, wie so vieles bei uns sich jetzt sehr schnell entwickelt. Das Grundgefühl war bei mir – und ich glaube, bei sehr vielen Leuten – Erschütterung. Trauer. Dazu eine Art Fassungslosigkeit. Und natürlich viele Fragen, je mehr die Fernsehbilder diese ganz jungen Leute zeigten, die so leicht und lachend aus dem Land zu gehen scheinen. In Gesprächen mit Menschen in der DDR habe ich immer wieder die Frage gehört: Kennen wir eigentlich diese Jugend? Warum gehen sie so leicht? Warum sind viele von ihnen so sprachlos, können sich so schwer artikulieren in bezug auf das, was sie in der DDR gestört hat und was sie jetzt woanders suchen? – Es sind Fragen in Gang gekommen, die viel tiefer gehen als ein oberflächliches Erstaunen oder auch Erschrecken. Und gerade von dieser Art Fragen erhoffe ich mir für die Zukunft die tiefergehenden Veränderungen bei uns, die nötig sind, nötig sein werden.

REIN Wie beschreiben Sie den Zustand der DDR-Gesellschaft jetzt – angesichts dieser Bilder?

WOLF Da ist etwas Eigenartiges passiert. Innerhalb der letzten vier, fünf Wochen waren wir alle von diesen Bildern beherrscht, haben nicht schlafen können, waren verzweifelt. Dann gab es einen Umschlag, der sich auch dadurch markierte, daß plötzlich Leute zueinander sagten: Wir wollen uns nicht in die totale Verzweiflung treiben lassen. Wir sind hier, wir bleiben hier, und wir wollen artikulieren, was wir uns von diesem Land noch erhoffen. Seitdem sind diese Bilder immer noch schrecklich, aber nicht mehr zum Verzweifeln. Ich habe inzwischen erlebt, was ich in der DDR noch nie erlebt habe: ein massenhaftes Gespräch fast aller Leute mit fast allen, wo immer sie sich treffen. Ich könnte von einer Lesung in einer mecklenburgischen Kleinstadt erzählen, wo ein ganz offenes, sehr reifes und niveauvolles Gespräch sich entwickelte über alle Probleme, die uns jetzt so wahnsinnig quälen. Ich könnte viele andere Dinge nennen, die ich in letzter Zeit erlebt habe. Wenn Sie nach einer Beschreibung fragen: Es ist eine Gesellschaft in Bewegung.

REIN Noch eine Frage zu den Leuten, die das Land verlassen haben: Sie haben von »Verlust« und »Trauer« und »Schmerz« gesprochen. Gibt es auch so etwas wie Distanz zu denen, die jetzt weggegangen sind, weil sie möglicherweise gar kein Risiko auf sich genommen haben?

WOLF Doch, solche Ansichten habe ich gehört. Es gibt durchaus manche, die sagen: Es hat ihnen doch bei uns an nichts gefehlt. Warum gehen sie so leicht weg und provozieren womöglich noch eine Verhärtung, die uns Zurückbleibenden böse aufstoßen könnte? Aber überwiegend ist, glaube ich, doch das Nachdenken über die Gründe dieser jungen Leute. Ich habe Ältere sich fragen hören: Was haben wir eigentlich falsch gemacht, wenn die Jungen sich so von uns abwenden? Wissen Sie – es passieren jetzt in der DDR viele Tragödien. Eltern verlieren ihre Kinder, Schwestern die Brüder, Freunde die Freunde. Das reißt die Menschen auf. Eine Krisensituation, gewiß – aber auch in einem positiven Sinn. Eine Krise muß ja nicht immer – vielleicht sogar meistens nicht – unproduktiv sein. Im Gegenteil. Richtig verstanden, stößt eine Krise doch einen Menschen voran, von innen her, mit starker emotionaler Gewalt.

REIN Im Chinesischen gibt es ja für »Krise« und »Chance« nur ein einziges, das gleiche Wort.

WOLF »Chance« – dieses Wort möchte ich gerne verwenden für die Befindlichkeit der DDR. Ich kann selbstverständlich nur für mich sprechen, aber ich weiß es von sehr vielen, ich weiß es von allen Künstlern und allen Kunstinstitutionen einschließlich der Theater, der Künstlerverbände, der Akademie der Künste, daß diese große Chance besteht, daß die Veränderungen, die nötig sind, von so großen Teilen der Gesellschaft mitgetragen werden. Ich habe das vorher kaum zu hoffen gewagt, daß es noch so viele Leute in der DDR gibt, die sagen: Ja, ich möchte in diesem Staat leben, und ich möchte dazu beitragen, daß er so wird, daß ich und meine Kinder hier wirklich gerne leben.

REIN Aber dem, was Sie jetzt beschreiben, steht ja entgegen, daß wir von den Herrschenden im Lande, von der SED-Spitze, kaum positive Signale zur Kenntnis bekommen. Sie etwa?

WOLF Nein, ich kenne auch keine. Ich möchte jetzt nicht erklären müssen, woher das kommt. Ein paar Punkte könnte ich nennen, die man nicht ganz außer acht lassen sollte: Es stand jetzt also dieser vierzigste Jahrestag vor der Tür, mit großer internationaler Besetzung. Es hat – ich weiß nicht, ob Sie das ähnlich sehen – vom Westen eine Berichterstattung gegeben, die man schon als »Trommeln« bezeichnen kann. Ich selbst habe auch den Eindruck, daß es Kreise in der Bundesrepublik gibt, die sich diese Flüchtlingswelle zunutze gemacht haben, um ihre eigenen Probleme dahinter verschwinden zu lassen, natürlich auch, um Wahlpropaganda zu machen: Das ist nicht völlig zu vergessen, aber ich möchte sofort anfügen, daß ich die Ursachen für die Krise in der DDR sehe. Es gab jetzt also Gründe, die DDR möglichst als einen Staat zu präsentieren, in dem Ruhe und Ordnung herrschen. Diese Gründe würde ich zur Not akzeptieren – aber die Mittel, die man dafür einsetzte, finde ich fragwürdig. – Mir geht es darum, zu vermitteln. Ich möchte denen, die daran denken, wieder auf die Straße zu gehen, zu bedenken geben, wem sie damit nützen; ob sie denen, für die sie sich in ihren Sprechchören einsetzen, wirklich nützen, oder ob nicht andere gerade daraus eine Rechtfertigung ziehen können für einen harten Kurs. Und die andere Seite: Ich bin ganz sicher, ich bin mir dessen vollkommen sicher, daß das Neue Forum und andere Gruppen, die sich etabliert haben oder die anfangen, sich zu bilden, ganz entschieden gegen Gewalt sind, und daß sie entschieden dafür sind, sozialistische Umgangsformen und Strukturen in der DDR zu befördern, die die Gesellschaft in eine Richtung verändern sollen, in der viel mehr Bürger als jetzt sich mit ihr identifizieren könnten. Ich möchte also an alle, die darüber zu befinden haben, appellieren, doch diese Gesprächsbereitschaft anzunehmen, die ihnen da entgegengebracht wird, sie als eine Chance zu sehen und nicht aus der Existenz von randalierenden Randgruppen die Berechtigung zu einer generellen Konfrontation abzuleiten. Ich bin sehr besorgt. Dies wäre ein verhängnisvoller Weg und würde, glaube ich, uns allen die Zukunft verbauen. Wir können nicht auf Konfrontationskurs gehen. Ich weiß, daß es im Moment ganz schwer ist und kaum gehört wird, wenn man um vernünftiges Verhalten bittet, und doch sehe ich gerade darin meine Aufgabe. Ich fühle mich nicht kompetent, irgend jemandem zu sagen, was er tun oder lassen soll – aber dies ist halt meine Meinung. Die würde ich viel lieber über den Rundfunk der DDR sagen, aber ich halte es für so wichtig, meine Besorgnis auszudrücken, daß ich es eben hier tun muß.

REIN Wenn Sie hören, daß alternative, ja, sich selbst vielleicht als oppositionell begreifende reformerische Kräfte in der DDR als staatsfeindlich eingestuft werden oder als »gesellschaftlich nicht notwendig« – sind das nicht Urteile, die verhindern, was Sie so gerne sähen: daß man miteinander redet und daß es zu keiner Konfrontation kommt?

WOLF Das sind ganz verhängnisvolle Fehleinschätzungen, davon bin ich fest überzeugt; im jetzigen Moment wahrscheinlich zweckgebundene Fehleinschätzungen, vor denen ich dringend warnen möchte. Ganz sicher bin ich, daß es sich nicht um »staatsfeindliche Kräfte« handelt, und ebenso sicher natürlich, daß die Diskussion, die sie in Bewegung bringen wollen, sehr wohl relevant ist, einem großen gesellschaftlichen Bedürfnis entspricht. Das ist es doch eben: Leute, die vor Wochen noch nicht miteinander ins Gespräch gekommen wären, weil es Berührungsängste gab; weil man dachte, mit dem anderen könne man nicht reden, weil er anderer Meinung ist usw. – diese Leute reden jetzt miteinander. Und das geht quer durch die Institutionen, es geht natürlich auch weit hinein in die Sozialistische Einheitspartei. Viele Mitglieder der Partei sind stark beunruhigt und wollen genau wie alle anderen versuchen, die DDR zu erhalten. Es kann doch nicht darum gehen, denjenigen Vorschub zu leisten, die jetzt plötzlich die Formel von der Wiedervereinigung aus der Kiste herausholen. Dies halte ich für ein gefährliches Geschwätz. Heuchlerisch ist es auch, denn die jetzt darüber reden, glauben selbst nicht, daß es möglich und nötig und überhaupt gut wäre. Aber sie halten dieses Süppchen jetzt am Kochen, und ich weiß, die Kreise in der DDR, von denen wir geredet haben, wollen genau dieser Losung entgegenwirken, indem sie eine DDR schaffen, die nicht als leichter Happen zu schlucken wäre.

REIN Aus dem, was Sie beschreiben, könnte man ja schließen, daß Sie möglicherweise Mitglied einer dieser Oppositionsgruppen sind.

WOLF Ich bin mit diesen Gruppen im Gespräch, ich habe keinerlei Berührungsfurcht. Ich rede mit ihnen, ich kenne ihre Ziele, ich kenne ihre Programme, falls es welche gibt. Ich habe differenzierte Meinungen dazu, aber was ich über sie sage, das weiß ich von ihnen selbst.

REIN Ich führe natürlich nicht so viele Gespräche mit Genossen wie möglicherweise Sie in der DDR. Was ich aber feststelle, ist – von ganz oben über die »mittleren Kader« bis ganz nach unten –, daß es in der Partei eine Fixierung auf die Westmedien gibt in einer Art und Weise, daß das, was im eigenen Land entsteht, erst an zweiter, dritter, vierter Stelle kommt. Wie ist diese Fixierung zu lösen, damit man die positiven Signale, auch aus diesen Oppositionsgruppen, als Unterstützung und nicht als Feindschaft sieht?

WOLF Sie haben recht: Da arbeiten jetzt bestimmte Westmedien und die auf sie Fixierten wie immer in solchen Fällen Hand in Hand. Es wäre doch lächerlich, wenn ich jetzt an die Westmedien appellierte, damit sie diese Rolle aufgeben. Das kann man von ihnen nicht verlangen. Muß man es also von den anderen verlangen, daß sie nicht gebannt nur in die eine Richtung starren, sondern daß sie doch mal mit den Leuten reden, über die da Tag für Tag berichtet wird, daß sie sie fragen, was sie wollen, und daß gemeinsam überlegt würde, was wir im Moment können. Denn es ist klar, daß auch sicher maßlose Forderungen aufkommen, Vorstellungen, die nicht oder noch nicht zu verwirklichen sind: aber sich darüber zu einigen, das wäre ja eben die Folge eines Dialogs.

Ich kann das verbindlich sagen, daß diese Leute aus den Bürgerinitiativen zu diesem Dialog bereit sind und daß es verhängnisvoll ist, sie zu kriminalisieren, und daß man diese produktiven Kräfte wirken lassen sollte. Wissen Sie –, soviel Phantasie, auch soviel Lustigkeit, wie jetzt da aufkommt, so viele Ideen, wie da produziert werden – ich habe das noch nicht erlebt. Und warum soll das alles ins Leere laufen oder etwa wieder unterbunden werden? Es ist ein Potential, das ein Staat sich eigentlich nur wünschen kann.

REIN Die Gruppen sagen immer wieder, und in den letzten Tagen verstärkt: Wir sind gewaltlos.

WOLF Das ist ganz sicher, ja.

REIN Aber morgen ist wieder Montag, und montags gibt es in Leipzig immer die Friedensgebete. Es gibt ja eine andere Gewalt. Befürchten Sie, daß mit Gewalt wieder eine Hoffnung verkleinert, zerstört werden könnte?

WOLF Ja. Diese Furcht habe ich, und es ist der Hauptgrund, warum ich heute zu Ihnen gekommen bin und mit Ihnen darüber spreche. Ich habe diese Furcht, und ich glaube nicht, daß ich irgendeinen Kampfgruppenkommandeur beeinflussen kann – wie den, der in der Leipziger Volkszeitung geschrieben hat, daß man, wenn nötig mit Waffengewalt, Ruhe und Ordnung aufrechterhalten werde. Daher mein Appell an die anderen, an die, die auf die Straße gehen wollen: um Besonnenheit, Ruhe und Geduld.

REIN Aber nicht warten.

WOLF Nein. Nicht warten. Es wird nicht mehr gewartet, das ist auch nicht mehr möglich. Das ist nicht mehr aufzuhalten, und das wird weitergehen.

REIN Was könnten denn die nächsten Schritte sein? Ich verstehe Sie doch richtig, wenn ich sage: Die Kompetenz, die es auch in der SED gibt, muß in die Reformen mit einbezogen werden?

WOLF Ich benutze das Wort »Reformen« ungern, weil die meisten, die es benutzen, inhaltlich keine Vorstellungen damit verbinden – und auch ich könnte für den wirtschaftlichen Bereich nicht sagen, welche Reformen dort nötig sind. Was ich verstehe, ist: Das Gespräch, das im weitesten Umfang an der Basis begonnen hat, muß öffentlich werden. Das bedeutet – dies ist nach meiner Meinung der erste Schritt –, die Medien müssen sich dafür öffnen. Gut finde ich, daß die Theater damit beginnen; daß sie ihre Räume zur Verfügung stellen und sagen: Leute, nach der Vorstellung diskutieren wir. Aber das ist immer nur ein kleiner Kreis. Es müssen die Medien sein. Und wenn in den Medien eine andere Sprache gesprochen wird, eine Sprache der Vernunft und eine Sprache der Mäßigung, so wird ganz sicher ein großer Teil der Bevölkerung, der auf diese Sprache wartet, zuhören – Argumente anhören, denen andere Argumente dann entgegengestellt werden können und müssen. Aber es müssen Argumente sein. Es dürfen nicht Verhöhnungen sein. Es darf nicht so ein Satz sein, der viele Menschen, auch mich, wahnsinnig getroffen hat: »Wir weinen denjenigen, die weggehen, keine Träne nach.« Das ist schrecklich. Das ist ganz schrecklich, wenn das gesagt wird, während 40 000 junge Leute das Land verlassen. Oder: »In der DDR sind Veränderungen in keinem Fall nötig.« Oder andere Sätze, die ich zitieren könnte . . . Aber es geht ja nicht um einzelne Sätze. Es geht darum, daß die Medien glauben, sie könnten mit der Bevölkerung in der Weise verfahren, wie sie es jetzt tun – wie sie es schon lange tun. Ich glaube, der erste Schritt, den Leuten zu zeigen, daß sie ernst genommen werden, wäre eine Änderung auf diesem Gebiet.

REIN Aber, Frau Wolf, das wissen Sie doch besser als ich, daß die Medien in der DDR ein Teil der Propaganda der SED sein sollen und sich auch selbst so verstehen. Das schon würde doch als Schwächung verstanden werden, als Abgabe eines Stücks der Macht.

WOLF Ja. Aber da sind wir eben wieder an dem entscheidenden Punkt. Ich habe eigentlich immer schon unter »Macht« etwas anderes verstanden. Vielleicht gelingt es uns doch, klarzumachen, daß dies kein Machtverlust wäre, sondern daß es darum ginge, in einem besseren Sinn – vielleicht nicht Macht, aber Stärke, Kraft zu gewinnen. Und die kann man ja als Partei – und gerade als kommunistische, als sozialistische Partei – wirklich nur gewinnen, indem man sie daher holt, wo sie ist, nämlich bei den Leuten. – Ich sehe Ihr zweifelndes Gesicht, und ich teile Ihre Zweifel. Aber ich möchte doch keine Verzweiflung verbreiten. Ich möchte versuchen zu zeigen, wo die Chancen liegen, und was wir in diesem Moment vertun, wenn wir diese Chancen vertun.

REIN Man muß auch sagen, daß der letzte Schriftstellerkongreß etwas eingeleitet hat, das zu ein paar Reformen im Verlagswesen geführt hat.

WOLF Das stimmt.

REIN Und diesen Weg könnte man weitergehen. Die Massenmedien der DDR sind aber noch sehr, sehr unbeweglich. Nun sind diese jungen Leute, die weggegangen sind, ein Produkt der Volksbildung der DDR. Ist das auch etwas, das sich konkret ändern muß?

WOLF Ich möchte eigentlich jetzt nicht den ganzen Katalog abarbeiten, denn da kommt noch vieles dazu. Aber ich bin schon der Meinung, daß im »Bildungswesen« ganz entschieden über dieses Ergebnis nachgedacht werden muß. Ich kann selbst noch nicht sehr viel dazu sagen, was psychologisch, sozialpsychologisch dahintersteht, wenn eine Generation – oder Teile dieser Generation – so wenig Bindung hat aufbauen können; wenn sie sich so wenig hat identifizieren können mit – ich will nicht sagen: dem Staat –, aber mit bestimmten Institutionen, oder besser: bestimmten Zielen. Oder auch mit ihren Eltern. Was ist denn da gewesen? Hat es je eine Bindung, ein Gespräch gegeben? Wenn nein, warum nicht?

REIN Ich habe den Eindruck, daß viele westliche Medien die Niederlage des Stalinismus als Triumph für das eigene System feiern. Ist es eine Niederlage des Stalinismus, Frau Wolf? Glauben Sie noch – mit anderen, die jetzt in der DDR wieder aufbrechen –, daß die utopische Idee, die Ziele des Sozialismus zu verwirklichen sind, daß es doch auf deutschem Boden einmal einen gelingenden Versuch von Sozialismus geben sollte?

WOLF Ich habe tatsächlich den Eindruck, daß uns vom Westen her jetzt von vielen Medien so ein Triumph entgegenschallt: Wir haben immer recht gehabt. Und daß man unter diesem großen Mantel die Probleme, die man selber hat, gut verstecken kann. Das nützt weder ihnen noch uns ... Zu Ihrer Frage nach dem Stalinismus: Das hoffe ich allerdings, daß dies jetzt eine Niederlage des Stalinismus ist, und ich hoffe immer noch, daß in diese Niederlage nicht die – Sie sagen: Utopie – hineingezogen wird; ich sage versuchsweise: die reale Möglichkeit, in der DDR Strukturen zu entwickeln, die sich produktiv auf eine sozialistische Gesellschaft hinbewegen könnten ... Ich drücke mich vorsichtig und verschwommen aus ... Wir sind ja nicht in der gleichen Lage wie Ungarn oder Polen. Ich denke, daß für uns nicht der gleiche Weg, die gleichen Strukturen richtig wären, wie man sie dort entwickelt. Wir müssen schon bedenken, in welcher geographischen Lage wir uns befinden. Wir müssen bedenken, daß die deutsch-deutsche Grenze immer noch die Grenze zwischen den beiden Systemen ist. Und wir müssen, glaube ich, auch bedenken, daß die DDR – je mehr sie eine Alternative zur Bundesrepublik entwickelt – wie-

85

der Leute, ihre Bürger, an sich binden könnte und daß sie in Europa ein produktiver Partner werden könnte – übrigens auch für die Bundesrepublik. Es wird sehr schwer werden. Ich glaube, es wird sehr schwer werden. Aber wenn der Dialog zwischen den verschiedenen Ebenen in der DDR wirklich zustande kommt, wenn die Konfrontation verhindert werden kann – dann habe ich Hoffnung.

REIN Man darf die Situation nicht mit Polen vergleichen. Aber es gibt in Polen das Beispiel der Runden-Tisch-Gespräche mit den gesellschaftlichen Kräften des Landes. Wünschen Sie sich so etwas Ähnliches – unter den Bedingungen der DDR – auch für Ihr Land?

WOLF Oh – wenn Sie dieses Bild heraufbeschwören ... Ich wünsche mir sehr einen großen runden Tisch, an dem Vertreter verschiedenster gesellschaftlicher Kräfte gleichberechtigt zusammensitzen und miteinander sprechen, und zwar über das Land DDR und über seine Zukunft.

REIN Und nicht der Nationalrat der Nationalen Front?

WOLF Die Parteien in der Nationalen Front müßten dabeisein, natürlich – vielleicht, aber das wäre ein Punkt, der ihnen selber zu überlassen wäre, um über ihre eigene Identität nachzudenken. Auf alle Fälle müßten alle Kräfte, institutionalisierte und andere, die in der DDR Verantwortung übernehmen können, dort zusammenkommen und ein verantwortungsvolles Gespräch miteinander beginnen. Das könnte ein Anfang sein, der auf allen Seiten die Angst abbauen würde. Denn ich finde es gefährlich, und fast beschwörend möchte ich dagegen sprechen, daß die gegenseitige Angst wächst: die der führenden Kräfte vor denen, die sich jetzt informell äußern und sich eine Verantwortung anmaßen, die ihnen nach meiner Meinung wirklich zusteht. Und wir dürften auch nicht davor Angst haben müssen, daß wir kriminalisiert oder als unerheblich abgetan werden. Ich glaube, Vernunft und politische Reife sind in diesen Wochen in der DDR so schnell gewachsen, daß ein vernünftiger Dialog darüber möglich ist.

REIN Hat das, was wir in diesen Tagen, Wochen und Monaten erleben, immer noch mit Hitler zu tun, mit dem ersten September neununddreißig? Sind das alles Auswirkungen der nicht wirklich aufgearbeiteten Geschichte in Ost- und Westdeutschland?

WOLF Wenn man tiefer in die Sozialpsychologie hineingehen will, dann würde ich sagen: ja. Und zwar in folgendem Sinn: Erstens ist die Teilung Deutschlands, ist das Entstehen von Bundesrepublik und DDR ein Ergebnis des Zweiten Weltkriegs. Und dazu kommt, daß das Verhältnis zwischen den Generationen – in beiden deutschen Staaten – dem Verhältnis und den Umgangsformen zwischen den Generationen in anderen Ländern ziemlich unähnlich ist. In unseren Ländern spielt die weitgehend zwischen den Generationen beschwiegene Nazi-Zeit hinein. Eigenartig: Die Generation meiner Eltern hat mit uns über jene Zeit kaum gesprochen. Die Generation, zu der ich gehöre, hat mit ihren Kindern wenig über ihre eigene Kindheit in jener Zeit gesprochen, über den Bruch 1945 und über den Versuch, sich in einer neuen Gesellschaft, unter neuen gesellschaftlichen Voraussetzungen – heute würde man sagen: »einzubringen«. Und dann der zweite Bruch, durch die Enthüllungen über Stalin. Die meisten in meiner Generation haben offenbar diesen zweimaligen Schock nur sehr schwer überwunden, sind wenig offen geblieben für die Fragen der Jüngeren. Diese Jüngeren haben nun wieder Kinder, und es ist schon unheimlich, zu sehen, wie sich solche unerledigten Themen – ein sehr emotionsfreies Wort für das, was ich meine – durch die Generationen ziehen und was sie für Folgen haben. Die könnte man sicher bei einer tiefergehenden Befragung der jungen Leute, die jetzt weggehen, finden.

REIN Ich will Ihnen eine Erfahrung weitergeben: Sie haben in West-Berlin zum 50. Jahrestag des Überfalls auf Polen in der Akademie der Künste eine Rede gehalten, und ich habe meiner Redaktion und einer anderen Redaktion vorgeschlagen, daß wir diesen – wie ich fand – wichtigen Text ganz senden. Das ist auch gemacht worden. Am anderen Tag haben mich dann Kolleginnen und Kollegen angerufen und haben gesagt: Also – diese Kritik an der Bundesrepublik, die hat sie doch aus taktischen Gründen vorgetragen. Ähnliches habe ich oft gehört: Solange DDR-Bürger ihr Land kritisieren, applaudieren wir. Wenn sie aber gleichzeitig auch wagen, die politische Kultur der Bundesrepublik zu kritisieren – das wird kaum angenommen.

WOLF Ja, das ist merkwürdig. Viele Leute, die in Westmedien arbeiten – aber auch andere –, sind sich offenbar nicht bewußt, daß sie sich ganz ohne weiteres und oft unreflektiert das Recht nehmen – das ich ihnen nicht bestreite –, sich über die DDR zu äußern, wie immer sie wollen: kritisch oder nichtkritisch. Daß sie jedenfalls das Recht haben, die DDR zu be-urteilen. Aber Leute, die sich entschieden haben, in der DDR zu bleiben, wie immer kritisch sie sich zu diesem Staat verhalten mögen, offenbar nicht das Recht haben, ihrerseits etwas Kritisches über die Bundesrepublik zu sagen. Es gibt da eine starke, ich glaube unreflektierte Arroganz, die selbstverständlich geworden ist und lange Zeit auch von vielen DDR-Bürgern selbstverständlich angenommen wurde. Jetzt hat sich das geändert.

REIN Ich habe die Pamphlete, Papiere, Aufrufe der verschiedenen Oppositionsgruppen gelesen, und einige – nicht alle – schreiben dezidiert, daß es eine Alternative zum westlichen System geben müsse. Warum eigentlich? Es gibt überall in der Welt die Flucht in den Kapitalismus. Das ist doch nicht eine besondere Erscheinung bei diesen zwanzigjährigen Deutschen in der DDR?

WOLF Das stimmt. Es gibt überall auf der Welt die Flucht in das bessere Leben, das zur Zeit jedenfalls die Industrieländer des Kapitalismus bieten können. Das ist etwas, was ich verstehe: Menschen, die nicht gut leben, zieht es dahin, wo es ihnen materiell besser geht. Nur bezweifle ich, daß das kapitalistische System, auf Dauer gesehen, imstande sein wird, die

Probleme zu lösen, die vor uns allen, vor der Menschheit stehen – wenn es sich nicht auch noch sehr wandelt. Mir scheint, es könnte im wohlverstandenen Interesse auch der Bundesrepublik liegen, wenn es zu den Strukturen, die sich dort entwickelt haben und die ich gar nicht kritisieren will, auf deutschem Boden eine Alternative gäbe. Am Beispiel der Kultur: Es könnte doch für beide deutsche Staaten wichtig sein, wenn ganz bestimmte Traditionen – revolutionäre Traditionen zum Beispiel, die in der Bundesrepublik nie so ernst genommen wurden und die sich an Namen von Schriftstellern, von Künstlern manifestieren ließen, die in der DDR schon länger Heimatrecht haben – erhalten blieben. Dazu gäbe es mehr zu sagen. Ich glaube schon, daß es Grundlagen und Strukturen in der DDR gibt, die erhaltenswert sind, und daß es darum geht, die produktiven Möglichkeiten, die in unseren Strukturen auch liegen, ans Tageslicht zu bringen und wirksam werden zu lassen.

*8. Oktober 1989*

# Brief an die »Junge Welt«

*17. Oktober 1989*

Werte K. R.,

obwohl Sie sicher wesentlich jünger sind als ich, glaube ich den Text Ihres Artikels (»Henrich! Mir graut's vor dir!«) seit Jahrzehnten zu kennen: Es ist der Ton der Demagogie, der sich bei uns von einer Journalistengeneration auf die nächste zu vererben scheint und der wohl auch heute noch unter dem Signum »Parteilichkeit« läuft.

Man stelle sich vor: Mehr als 50 000 zumeist junge Bürger – darunter gewiß viele ehemalige Leser Ihrer Zeitung – verlassen innerhalb weniger Wochen die DDR, und diese selbe Zeitung hält es für angebracht, auf mehr als einer kostbaren Seite gegen einen Autor zu polemisieren, der offenbar – wie unvollkommen auch immer – einige der Gründe für diese massenhafte Abwanderung zur Sprache bringt. Die aus dem Zusammenhang gerissenen Zitate kann der Leser nicht kontrollieren, weil das Buch ja nicht in der DDR erschienen ist, der Autor hat keine Möglichkeit zur Erwiderung, und es trifft sich gut, daß man gleichzeitig mit ihm auch das »Neue Forum« abwerten kann. Ich aber werde scheinheilig (oder drohend?) gefragt, ob es mir »wohl gefällt«, daß er sich auf mich »beruft«.

Hören Sie: Ich kenne weder Rolf Henrich noch – bis jetzt – sein Buch *Der vormundschaftliche Staat*. Sehr möglich, daß ich außer Zustimmung auch kritische Einwände gegen einen Teil seiner Thesen und Behauptungen hätte. Gleichwohl sollte er sie vertreten können – scheinen sie mir doch nicht geeignet zu sein, junge Leute aus dem Land zu treiben. Um mich aber machen Sie sich mal keine Gedanken: In jenem Jahrzehnt, als auch Ihr Blatt meinen Namen nicht zu erwähnen wagte, habe ich ganz andere Inanspruchnahmen erlebt und überstanden, aber ich kann es nicht widerspruchslos hinnehmen, ungefragt gegen einen anderen Autor benutzt zu werden, und ich möchte Maxie Wander, die sich selbst nicht mehr wehren kann, vor der Inanspruchnahme durch Sie in Schutz nehmen. Übrigens glaube ich zu wissen, wofür sie sich heute engagieren würde ...

Belustigt sehe ich mich von Ihnen unter die »Großen« eingereiht, weniger belustigt finde ich jahrzehntelange existentielle Konflikte in einem banalen Satz untergebracht: »Sicher, ihr Nachdenken wurde von manchen manchmal als Störfall empfunden.« Ich halte Ihnen zugute, daß Sie nicht wissen, wovon Sie da sprechen, und ich habe nicht die geringste Lust, gegen Sie zu polemisieren. Doch sagen Sie selbst: Wäre nicht Ihre Anstrengung, wäre nicht der Platz in Ihrer Zeitung nutzbringender auf eine ehrliche, selbstkritische Analyse der Gründe für die Vertrauenskrise innerhalb großer Teile der Jugend gegenüber dem Staat verwendet gewesen? Die habe ich in der »Jungen Welt« bis heute nicht gefunden.

Christa Wolf

# Brief an den Generalstaatsanwalt

*18. Oktober 1989*

Sehr geehrter Herr Generalstaatsanwalt,

ich kann eine Aussage, die Sie gestern in Ihrem Interview in der »Aktuellen Kamera« trafen, nicht unwidersprochen lassen: Es entspricht nicht den Tatsachen, daß das gewaltsame Vorgehen der Polizei gegen Demonstranten und Unbeteiligte am 7. und 8. Oktober in der Hauptstadt der DDR durch Gewalttätigkeit von seiten der Bürger provoziert wurde. Ich habe eine Reihe von Augenzeugenberichten, mündliche und schriftliche, die diese Behauptung widerlegen und darüber hinaus erschütternde Einzelheiten über brutale, teilweise sadistische Behandlung durch Polizisten bei der Festnahme, auf den Polizeirevieren, in Garagen usw. schildern. Ich werde versuchen, soviel wie möglich dazu beizutragen, daß diese Berichte der Öffentlichkeit bekannt werden, daß unabhängige Untersuchungskommissionen eingesetzt werden, um die Tatbestände aufzunehmen und um restlos aufzuklären, woher die Befehle kamen, die Polizisten in Schläger verwandelten. Auf keine andere Weise kann der schwerwiegende Vertrauensverlust großer Teile der Bevölkerung, besonders der am stärksten betroffenen Jugend, gegenüber den Sicherheitsorganen des Staates wenigstens etwas wieder ausgeglichen werden.

Sie als Generalstaatsanwalt bitte ich dringend, diese Tatsachen weder zu leugnen noch zu verharmlosen, sondern sich eindeutig auf die Seite der zu Unrecht mißhandelten Bürger zu stellen.

Hochachtungsvoll
Christa Wolf

# »Das haben wir nicht gelernt«

Vor vierzehn Tagen, nach einer Lesung in einer mecklenburgischen Kleinstadt, beschwor ein Arzt die Anwesenden, die das Literaturgespräch sehr schnell in einen politischen Diskurs umgewandelt hatten, jeder solle jetzt an seinem Platz wenigstens offen und deutlich seine Meinung sagen, sich nicht einschüchtern lassen und nichts gegen sein Gewissen tun. In die Stille nach seinen Worten sagte leise und traurig eine Frau: »Das haben wir nicht gelernt.« Zum Weitersprechen ermuntert, erzählte sie von dem politisch-moralischen Werdegang ihrer Generation – der heute knapp Vierzigjährigen – in diesem Land: Wie sie von klein auf dazu angehalten wurde, sich anzupassen, ja nicht aus der Reihe zu tanzen, besonders in der Schule sorgfältig die Meinung zu sagen, die man von ihr erwartete, um sich ein problemloses Fortkommen zu sichern, das ihren Eltern so wichtig war. Eine Dauerschizophrenie hat sie als Person ausgehöhlt. Nun, sagte diese Frau, könne sie doch nicht auf einmal »offen reden«, ihre »eigene Meinung sagen«. Sie wisse ja nicht einmal genau, was ihre eigene Meinung sei.

Ein erschütternder, wenn auch nicht überraschender Befund. Erschütternd auch deshalb, weil er von den Leitungen der Volksbildung, die ihn zu einem guten Teil zu verantworten haben, seit vielen Jahren geleugnet, mit einem scharfen Öffentlichkeitstabu belegt und unter dröhnenden Erfolgsmeldungen erstickt wird; weil jeder, der dennoch auf grundlegende Deformationen bei Zielen und Methoden der Erziehung junger Menschen an unseren Schulen hinwies, politischer Gegnerschaft verdächtigt wurde und womöglich noch wird. Kritische Bücher, Stücke, Filme zu diesem Thema hatten es schwer. Die Medien schwiegen, schlimmer: Sie überzogen den Kern des Problems – daß unsere Kinder in der Schule zur Unwahrhaftigkeit erzogen und in ihrem Charakter beschädigt werden, daß sie gegängelt, entmündigt und gedemütigt werden – mit wort-

und bilderreicher Schaumschlägerei, in der Schein-Probleme serviert und im Handumdrehen gelöst wurden. (Ich ziehe meinen Hut vor den Lehrern, die in voller Kenntnis der Lage und oft nahe der Verzweiflung versucht haben, ihren Schülern einen Raum zu schaffen, in dem sie frei denken und sich entwickeln konnten.) Die angeblich für sie geschaffenen Organisationen, welche die Jugendlichen mehr vereinnahmten, als ihnen Einübung in selbständiges, demokratisches Handeln zu ermöglichen, ließen sie meistens im Stich. Von den Leidtragenden dieser Misere mußten die beklagenswerten Zustände als unabänderlich angesehen werden. Gerade diese Erfahrungen, mit denen sie von fast allen Erwachsenen allein gelassen wurden, haben nach meiner Überzeugung viele von ihnen weggetrieben. Das Ergebnis konnten wir auf westlichen Bildschirmen besichtigen: Massen junger Leute, die zumeist leicht und freudig aus dem Lande rennen. Gut ausgebildete Facharbeiter, Sekretärinnen, Krankenschwestern, Ärzte, Verkäuferinnen, Wissenschaftler, Ingenieure, Kellner, Straßenbahnfahrer. Was wollen die bloß noch, habe ich Ältere, die selbst keine wirkliche Jugend hatten, fragen hören, die hatten doch alles.

Alles. Außer der Möglichkeit, ihr kritisches Bewußtsein im Streit mit anderen Auffassungen zu schärfen, ihre Intelligenz nicht nur an Bildungsstoffen zu beweisen, sondern sie bei einer für sie bedeutsamen gesellschaftlichen Tätigkeit mit anderen zusammen anzustrengen, Experimente zu machen, auch solche, die dann scheitern, ihre Lust am Widerspruch, ihren Übermut, ihre Skurrilitäten, ihre Verquertheiten und was immer ihnen die Vitalität dieses Lebensabschnitts eingibt, in produktiver Weise auszuleben, sich also kennenzulernen. Den aufrechten Gang zu üben. Bei der Gelegenheit: Was ist aus den Schülern der Carl-von-Ossietzky-Schule in Berlin-Pankow geworden, die eben das getan haben und dafür – ein Hohn auf den Namen ihrer Schule! – relegiert wurden? Wann können sie, falls sie es wollen, ihren Schulbesuch fortsetzen? Und: Wann werden diejenigen zur Verantwortung gezogen, die befahlen, mit Gewalt gegen junge, gewaltlose Demonstranten und Unbeteiligte vorzugehen; wann werden die Vorgänge auf Polizeirevieren, in Garagen usw. untersucht, öffentlich gemacht und geahndet, die diesen Befehlen folgten?

So etwas gebe es auch anderswo auf der Welt? Ich weiß, und ich habe es selbst beobachtet. Aber wir leben nicht anderswo, sondern ausgerechnet hier, in jenem Teil Deutschlands, der erst seit vierzig Jahren ein Staat ist, der sich die Bezeichnung »demokratische Republik« gegeben hat und sich »sozialistisch« nennt – das alles in bewußter Alternative zu dem anderen deutschen Staat, der gewiß nicht sozialistisch sein will, der aus einer Reihe von Gründen reicher ist als der unsere und der, wenn keine anderen Werte bei uns den minderen materiellen Wohlstand des einzelnen ausgleichen, eine Dauerverlockung besonders für junge Menschen darstellt. Für mich war es eine Befreiung, als, zuerst wohl in Leipzig, den Sprechchören »Wir wollen raus« der immer noch anwachsende Chor: »Wir bleiben hier« entgegenscholl. In jenen Tagen sagte jemand zu mir: Wir müssen die DDR retten.

Was haben wir falsch gemacht? fragte in der Leserversammlung, von der ich anfangs sprach, eine etwa sechzigjährige Frau. Sie sprach davon, wie stark ihr eigenes Leben mit der Entwicklung dieses Staates verwoben ist; wie sie an den Zielen hängt, für die sie sich in ihrer Jugend engagierte. Ich verstand sie gut. Natürlich will sie nicht vierzig Jahre ihres Lebens negieren; natürlich wollen und können wir nicht vierzig Jahre Geschichte löschen. Aber es steht uns eine schwere Arbeit bevor: die Voraussetzungen dieser Geschichte und ihren Ablauf Etappe für Etappe, Dokument für Dokument im Lichte ihrer Ergebnisse und der Forderung des heutigen Tages neu zu untersuchen. Dabei wird eine Menge nur noch von wenigen geglaubter Dogmen fallen, unter anderem das Dogma von den »Siegern der Geschichte«.

Diese Losung – darüber waren wir zweihundert Leute, nun schon am späten Abend, in unserer »Literaturdiskussion« uns einig – hat dazu beigetragen, das Verstehen zwischen den Generationen in unserem Land zu erschweren. Eine kleine Gruppe von Antifaschisten, die das Land regierte, hat ihr Siegesbewußtsein zu irgendeinem nicht genau zu bestimmenden Zeitpunkt aus pragmatischen Gründen auf die ganze Bevölkerung übertragen. Die »Sieger der Geschichte« hörten auf, sich mit ihrer wirklichen Vergangenheit, der der Mitläufer, der Verführten, der Gläubigen in der Zeit des Nationalsozialismus auseinanderzusetzen. Ihren Kindern erzählten sie meistens wenig oder nichts von ihrer eigenen Kindheit und Jugend. Ihr untergründig schlechtes Gewissen machte sie ungeeignet, sich den stalinistischen Strukturen und Denkweisen zu widersetzen, die lange Zeit als Prüfstein für »Parteilichkeit« und »Linientreue« galten und bis heute nicht radikal und öffentlich aufgegeben wurden. Die Kinder dieser Eltern, nun schon ganz und gar »Kinder der DDR«, selbstunsicher, entmündigt, häufig in ihrer Würde verletzt, wenig geübt, sich in Konflikten zu behaupten, gegen unerträgliche Zumutungen Widerstand zu leisten, konnten wiederum ihren Kindern nicht genug Rückhalt geben, ihnen nicht das Kreuz stärken, ihnen, außer dem Drang nach guten Zensuren, keine Werte vermitteln, an denen sie sich hätten orientieren können. – Dies ist auch ein Schema, ich weiß, von dem es so viele Abweichungen wie Familien gibt. Aber ich unternehme, voller Zorn und Trauer, hier auch nur eine erste Annäherung an das Thema »Jugend«, und ich weiß, sie selbst, die Jugend, wird dieses Thema aufgreifen und sich über sich selber aussprechen. Vielleicht wird man ihr nun endlich zuhören und sich eingestehen, daß Fackelzüge und gymnastische Massendressuren ein geistiges Vakuum anzeigen und vergrößern, nicht aber geeignet sind, jene Bindungen zu erzeugen, die nur in tätiger Mitverantwortung für die Gesellschaft wachsen können.

Der Nachholbedarf auf vielen Gebieten ist enorm, aber mir scheint, in diesen Wochen lernen wir schneller, und zwar nicht zuletzt von den jungen Leuten: von ihrem Ernst, ihrer Standhaftigkeit, ihrem Humor, ihrem Einfallsreichtum, ihrer Phantasie, ihrer Bereitschaft, sich einzusetzen. (Hoffentlich werden viele Beispiele von literarischem Volksvermögen gesammelt, die sich jetzt in Verlautbarungen, Sprechchören, Flugblättern ungehemmt zeigen.) Mich beeindruckt die politische Reife in den Gesprächen und Diskussionen, die ich erlebte oder von denen ich gehört habe. Sagte man früher – ich spreche wieder von meiner Begegnung mit Lesern – in Mecklenburg komme alles hundert Jahre später an, so muß ich dem widersprechen: keine Spur! Überall zeigt sich ein großes, bisher ungenutztes Reservoir an Erfahrung und Handlungsbereitschaft.

Wir sprachen an jenem Abend, jener jungen Frau zugewandt, die ich am Anfang erwähnte, auch von einer Metapher, die Tschechow einmal gebraucht hat: Er müsse »den Sklaven tropfenweise aus sich herauspressen«. In diesen Wochen pressen viele von uns, scheint mir, »den Sklaven« literweise aus sich heraus. Aber darüber sollten wir uns nicht täuschen: die Spuren von Entmündigung in vielen Menschen werden nachhaltiger weiterwirken als zum Beispiel ökonomische Verzerrungen. Bisher hat vor allem die Kunst, oft dafür angegriffen, solche Erscheinungen bemerkt und beschrieben. Wie schön, wenn jetzt Journalisten, Soziologen, Historiker, Psychologen, Gesellschaftswissenschaftler, Philosophen ebenfalls öffentlich ihre Pflicht tun werden.

*21. Oktober 1989*

# »Wider den Schlaf der Vernunft«

*Rede in der Erlöserkirche*

Ich möchte am Anfang sagen, was ich so lange am Anfang sagen werde, bis diese Forderung erfüllt ist: Wir brauchen eine unabhängige Untersuchungskommission, die die Vorgänge Anfang Oktober, um den Jahrestag der Republik herum, untersucht. Ich weiß, daß die Staatsanwaltschaft inzwischen aufgrund von Anzeigen und Eingaben Ermittlungen anstellt, und ich nehme an, daß diese Ermittlungen in Strafen für bestimmte Verantwortliche enden werden. Das ist nötig. Ich bin die letzte, die Emotionen anheizen würde, die gefährlich entgleisen könnten. Aber diese polizeilichen und staatsanwaltlichen Ermittlungen werden nicht klären, worauf es eigentlich ankommt, nämlich woher diese Bereitschaft zu Feindseligkeit und Gewalt rührt, zu einem Verhalten, das bis ins Sadistische ging und das vielen Bürgerinnen und Bürgern dieses Landes in diesen Nächten ein anderes Land gezeigt hat, als sie bis heute vor Augen haben. In diesen Nächten sind Risse, Widersprüche, ist eine Krankheit dieser Gesellschaft aufgebrochen, und sie kann nur durch die Gesellschaft geheilt werden, das heißt durch von ihr akzeptierte, nur ihr rechenschaftspflichtige Vertreter, die diese Widersprüche und Phänomene voll erfassen, formulieren können und versuchen, sich ihnen zu stellen. Es ist nicht die Strafe, die am Ende das Wichtigste ist, sondern die Einsicht in die Ursachen dieser Vorgänge.

Anfügen möchte ich: Ich brauche diese Untersuchungskommission auch für mich selbst. Nachdem ich die Berichte der Zugeführten und die Schilderung der Drangsalierungen, denen sie ausgesetzt waren, gelesen habe, brauche ich ein überzeugendes Gegengewicht gegen den Schrecken und gegen die Verzweiflung. Wir brauchen die unabhängige Untersuchungskommission als eine Schule der Demokratie.

Heute abend findet gleichzeitig mit dieser Veranstaltung im Deutschen Theater eine bedeutsame Premiere statt. Es wird dort durch den Schauspieler Ulrich Mühe ein Text von Walter Janka gelesen, aus einem Buch, das heißt »Schwierigkeiten mit der Wahrheit«, das im Rowohlt Verlag Hamburg vor kurzem erschienen ist. Ich habe für diese Lesung von Ulrich Mühe, da ich nicht auf zwei Veranstaltungen gleichzeitig sein kann, einen Vortext geschrieben, den ich jetzt hier vorlesen möchte:

Heute abend findet in diesem Theater eine bedeutsame Premiere statt: Zum ersten Mal wird öffentlich und so radikal wie möglich jenes Grundübel zur Sprache kommen, aus dem über die Jahrzehnte hin fast alle anderen Übel des Staates DDR hervorgegangen sind: der Stalinismus.

Vor mehr als dreißig Jahren wurde an Walter Janka ein Exempel statuiert, dessen Ziel es war, ihn zu brechen. Seine Unbeugsamkeit, sein Mut, seine Beharrlichkeit haben sein Schicksal zum Beispiel werden lassen. Es ist mehr als ein günstiger Zufall, daß wir seinen Bericht darüber in diesen Wochen, in denen alles davon abhängt, daß wir lernen, von Grund auf umzudenken, als Lehrbeispiel in den Händen haben. Dieses Buch muß – und ich höre, es wird – so bald wie möglich in der DDR erscheinen. Es stellt uns vor einen bisher geleugneten, unterschlagenen, besonders düsteren Aspekt unserer Realität. Es gehört in das öffentliche Gespräch und ist, wie weniges sonst, geeignet, dieses Gespräch zu vertiefen und es von den Symptomen weg zu den Ursachen jener Deformation zu führen – die jetzt auch ihre Verursacher und Nutznießer beklagen –, unter denen auf einmal alle gelitten haben wollen, die aber keiner zu verantworten hat. So äußert sich die Fortdauer der Deformationen. Auch Walter Janka wird sich jetzt nicht retten können vor denen, die sich weißwaschen wollen, indem sie ihn benutzen. Er wird den grimmigen Humor entwickeln, auch diese Farce souverän zu überstehen.

Daß er bis heute nicht in aller Form öffentlich rehabilitiert wurde – er und die anderen Opfer von Schauprozessen in den fünfziger Jahren und später –, ist ein Zeichen des schleichenden Stalinismus, der, zuzeiten schärfer, zuzeiten milder, den manifesten Stalinismus abgelöst, aber seine Grundposition nicht aufgegeben hat, die da heißt: Der Zweck heiligt die Mittel. Nun haben die unsittlichen Mittel den Zweck zersetzt. Nicht nur die Institutionen sind ausgehöhlt, auch die Werte, die sie verkörpern sollten, zerfielen in der langen Erosionsperiode, die hinter uns liegt, hoffentlich hinter uns liegt. Die Krise, die aufgebrochen ist, signalisiert auch einen geistig-moralischen Notstand unserer Gesellschaft, der nicht so schnell zu beseitigen sein wird wie ein Versorgungsnotstand oder ein Reisedefizit. Das Buch von Walter Janka kann uns helfen, ihn zunächst zu *erkennen*. – Überwinden können wir ihn nur in einem gemeinsamen langwierigen Lernprozeß. Wir müssen unsere eigenen »Schwierigkeiten mit der Wahrheit« untersuchen und werden finden, daß auch wir Anlaß haben zu Reue und Scham. Wollen wir uns doch nicht täuschen lassen: Ehe die Erneuerung unserer Gesellschaft nicht in die Tiefe von Selbstbefragung und Selbstkritik eines jeden einzelnen vorgedrungen ist, bleibt sie symptombezogen, mißbrauchbar und gefährdet. Daß die Massenbewegungen dieser Tage auf der Vertiefung der Analyse und, daraus folgend, auf der Veränderung von Strukturen bestehen, gibt mir Hoffnung.

*28. Oktober 1989*

# Leben oder gelebt werden

*Gespräch mit Alfried Nehring*

ALFRIED NEHRING Das DDR-Fernsehen hat mit *Selbstversuch* erstmalig eine Erzählung von Ihnen verfilmt. Es ist meines Wissens auch international Ihre erste Zusammenarbeit mit Filmemachern für das Medium Fernsehen. In den sechziger Jahren haben sie mehrfach als Filmautorin für die DEFA gearbeitet. Dann kam es zu einer auch theoretisch begründeten Abwendung von den künstlerischen Möglichkeiten des Films. Das Interesse der Kunstwelt an dem Film *Selbstversuch* ist deshalb groß. Durch Entwicklungen und Vorgänge in unserem Land hat sich die Erwartungshaltung noch gesteigert. Nicht nur eine große nationale und internationale Leserschaft, sondern auch Ihre weltweite Anerkennung als Schriftstellerin haben dazu geführt, daß Ihr Name in aller Munde ist.

Für die promotion des Films ist das die Chance, für die Rezeption höchst gefährlich. Ich bitte Sie deshalb, die weit zurückliegende Entstehung der Erzählung *Selbstversuch* zu schildern und die Situation zu benennen, in der Sie sich als Schriftstellerin damals befunden haben.

CHRISTA WOLF Die Erzählung *Selbstversuch* war, wenn ich mich richtig erinnere, die letzte in einer Reihe von Erzählungen, die ich damals schrieb, 1972, von denen auch noch zwei andere – wenn man so will – phantastischen oder futuristischen Charakter haben, nämlich *Kleiner Ausflug nach H.* und *Neue Lebensansichten eines Katers*. Ich schrieb sie damals mit satirischem Unterton. Bei *Selbstversuch* ist das am wenigsten der Fall. Es war eine Zeit, in der ich überhaupt nicht darauf hoffte, nicht absah, daß sie in der DDR erscheinen könnten. Ich habe das als Konserve geschrieben. Sie erschienen dann doch gesammelt unter dem Obertitel *Unter den Linden*.

Die Erzählung *Selbstversuch* ist ganz speziell abgefordert worden, und zwar von Edith Anderson, einer amerikanischen

Autorin, die schon sehr lange in der DDR lebte und auch hier publizierte. Sie hat ein neues Thema in unsere Literatur eingebracht, indem sie vorschlug, fünf schreibende Frauen und fünf schreibende Männer sollten sich einmal der Frage nähern: Was wäre, wenn ich ein Mann, was, wenn ich eine Frau wäre... U. a. haben Irmtraud Morgner, Sarah Kirsch und Günter de Bruyn sich daran beteiligt. Der Band wurde damals im Aufbau-Verlag abgelehnt. Wenn ich mich richtig erinnere mit der Begründung: es bestehe kein Bedarf für eine Thematik, die sich solcherart mit emanzipatorischen Fragen beschäftige. Dann hat der Hinstorff Verlag das Buch gemacht. Es gab einen ziemlichen Zuspruch. Seitdem ist das Thema bei uns etabliert, obwohl ein literarischer Gegenstand eigentlich nicht etabliert oder »abgearbeitet« werden kann. Es hat sich gezeigt, und zeigt sich in diesen Wochen deutlich, daß es lange noch nicht »ausgeschöpft« ist. Aber es war damals so der erste Anlauf dazu.

NEHRING Die Publikation hieß *Geschlechtertausch*.

WOLF Das Buch erschien mit dem Titel *Blitz aus heiterem Himmel* nach dem Titel von Sarah Kirschs Beitrag. *Geschlechtertausch*, das war die Erzählung von Günter de Bruyn.

NEHRING Das Thema *Geschlechtertausch* wurde bei Ihnen keine Erzählung über den Austausch von Erfahrungen der Geschlechter. Sie schilderten, wie die Emanzipation der Frau unter den damaligen und vielleicht auch unter jetzigen Bedingungen nach wie vor der Gefahr unterliegt, daß Frauen in eine von männlichen Verhaltensnormen geprägte Welt einfach einvernommen werden: Anpassung als Voraussetzung für Chancengleichheit.

WOLF Als Edith Anderson mich fragte, ob ich mitmache, war mein erster Einfall, daß ich eine Wissenschaftlerin nehmen würde. Mir kam da zugute meine vorherige Beschäftigung mit biologischen Problemen. Es stand für mich sehr schnell fest, daß diese Wissenschaftlerin an sich selbst einen Versuch vornehmen würde oder vornehmen lassen sollte. In mir tauchte als Vision auf, daß es sich hier um eine weitere besonders gefährliche Variante der über die Jahrhunderte hin gehenden Unterdrückung des weiblichen Elements handeln würde, auch in Männern übrigens. Es ging mir um die Unterdrückung der Frau in der Geschichte der Zivilisation. Meine Kernidee war: eine Frau muß werden wie ein Mann, damit sie in der Männerwelt nicht nur Erfolg haben kann, sondern anerkannt wird und so – perverse Formulierung – »sich selbst verwirklichen kann«. Ich wollte zeigen, in welch perverse Rolle wir gedrängt werden, als Frauen gedrängt wurden in unserer Zivilisation.

NEHRING Diese Zuspitzung auf die Situation der Frau ist meines Erachtens bei der heutigen Wirkung nur ein Aspekt. Ich hörte in einer Fernsehdiskussion eine junge Frau, die die Republik verlassen hatte, einen Satz sagen, der auch im Film ausgesprochen wird, daß sie »nicht gelebt werden will, sondern leben«. Diesen Satz, der schon in Ihrer Erzählung von 1972 steht, verbinde ich mit anderen Konsequenzen, aber es ist ein Satz, der gegenwärtig für viele Menschen in unserem Land gilt. Sie sind aktiv geworden, artikulieren offen, daß sie überkommene Strukturen, Machtstrukturen nicht mehr akzeptieren. Die Botschaft des Films, die ja am Schluß die gleiche ist wie in der Erzählung *Selbstversuch*, erscheint mir sehr heutig, ganz frisch, individuell für jeden: »Jetzt steht uns mein Experiment bevor: der Versuch zu lieben. Der übrigens auch zu phantastischen Erfindungen führt: zur Erfindung dessen, den man lieben kann.« Viele Menschen haben sich auch mit Hilfe von Literatur und der ethischen Aufrichtigkeit, dem politischen Mut von Künstlern emanzipiert in Richtung auf einen eigenen neuen Lebensanspruch. Möglicherweise klingt davon einiges im Film an, was ein spezielles Interesse hervorruft.

WOLF Ja, das kann sein. Ich habe auch in den letzten Wochen – eigentlich sind es ja erst zwei Wochen, daß wir hier neue Formen des Zusammenlebens erproben, auch neue Formen der gesellschaftlichen Kritik, und daß überhaupt die Gesellschaft in eine derartige Bewegung gekommen ist, massenhaft –

manchmal darüber nachgedacht, daß bei all den vielen Forderungen, die jetzt öffentlich gestellt werden, sehr selten Forderungen kommen, die frauenspezifisch sind. Das hat man mir übrigens im Westen schon länger und öfter gesagt, daß das bei uns so ist. Das lag daran, vielleicht liegt es auch heute noch daran, daß die Leute bei uns, natürlich auch die Frauen, andere Probleme hatten und haben. Jetzt werden erst mal rein politische, ökonomische, geistig-moralische Fragen in den Vordergrund gestellt. Es könnte sein, daß der Film genau jetzt so wirkt, daß sich dieser Prozeß bestätigt sieht. Ich könnte mir denken, daß es vielleicht in einer späteren Zeit dann doch wieder dazu kommen wird, wenn diese elementaren Forderungen des Zusammenlebens in der Gesellschaft sich mehr der Verwirklichung genähert haben, daß spezielle Frauenprobleme wieder deutlicher hervortreten. Das muß man abwarten.

NEHRING Vielleicht wird sich auch bei möglichen Aufführungen des Films im Ausland das Interesse mehr auf die ursprüngliche Problematik der Erzählung richten.

WOLF Vielleicht. Ich habe den Film ja erst in der Rohfassung gesehen. Da fiel mir auf, und das war mir ganz recht, daß eine sehr starke Wissenschaftskritik in dem Film ist. Sie gilt nicht der Wissenschaft, sondern dem Wissenschaftsapparat, der durch männliches Denken dominierten Wissenschaftsinstitution. Das scheint mir der Film deutlicher herauszubringen als die Erzählung.

NEHRING Das liegt nach meiner Meinung an den spezifischen Wirkungsmöglichkeiten des Films durch das Bild. Das »Institut«, seine Initiationsriten und seinen Mythos beschreibend vorzuführen, auch die Grausamkeit von Experimenten, ist möglicherweise schwieriger, als sie in Vorgängen realiter zu zeigen. Dazu kommt, daß 1972 die Erzählung wirklich noch im wissenschaftlichen Sinne starke utopische Züge hatte, während diese Art von Instituten, wie sie auch der Film zeigt, heute vollkommene Realität sind. Wir haben uns auch bei der Herstellung des Films keine Mühe gegeben, eine utopische Welt zu schaffen, sondern eher eine »Kunstwelt«, die abgeschirmt von der Öffentlichkeit existiert, die aber vom Zuschauer als vorhanden in unserer Zeit akzeptiert werden kann.

WOLF Ja, das war auch für mich interessant zu sehen, wie die utopische, wie meine wissenschafts-futuristische Linie der Erzählung durch die Entwicklung in der Wissenschaft eingeholt wurde.

NEHRING Wir haben über die Entstehungsgeschichte der Erzählung gesprochen. Vielleicht ist es wichtig, auch zu beleuchten, wie der Film zustande kam, weil es sowohl die Profanität von Fernsehkunst in unserem Lande verdeutlicht als auch den Erwartungsdruck zurechtrückt. Vor gut zwei Jahren, ich erinnere mich, es war Ende August 87, hatte ich den Auftrag, mit Ihnen über eine Lesung von *Störfall* im Fernsehen zu sprechen, weil international bekannte Schriftsteller zur »Klimaverbesserung« vor dem X. Schriftstellerkongreß der DDR auch in diesem Medium ausnahmsweise zu Wort kommen sollten. Dabei habe ich Ihnen spontan den Vorschlag gemacht, die Erzählung *Selbstversuch* zu verfilmen, ohne zu wissen, ob ich den Plan im DDR-Fernsehen wirklich durchsetzen könnte. Ich habe bewußt nicht nach *Christa T.* oder *Kassandra* gefragt, die bekannter sind und vielleicht eine größere Dimension gehabt hätten, sondern eine Geschichte angezielt, die eine gewisse Weltläufigkeit in der Thematik besaß und keine direkten DDR-Tabus berührte. Für Filmemacher war sie ein experimentell interessantes Sujet, das auch sofort den Regisseur Peter Vogel, den Kameramann Günter Haubold und den Szenaristen Eberhard Görner faszinierte. Eigentlich erst im Arbeitsprozeß, in der Zusammenarbeit mit Ihnen, hat uns die Aktualität der Geschichte eingeholt. Vieles entstand auch aus der Haltung von Johanna Schall zu der Hauptrolle. Sie hat sofort neben dem Aspekt der Emanzipation für sich wichtiger empfunden, gegen unmenschliche Entwicklungen Widerstand zu leisten. Sie machte zur wichtigsten Erkenntnis der Figur: »Ohne es zu wissen, bin ich doch Spion gewesen im Hinterland des Gegners und habe erfahren, was euer Geheimnis bleiben sollte: daß die Unternehmungen, in die ihr euch verliert, euer Glück nicht sind und daß wir ein Recht auf Widerstand haben, wenn ihr uns in sie hineinziehen wollt.« Ich glaube, es ist nötig, dieses festzuhalten. Wenn das Fernsehen jetzt diesen Film zeigt, steckt darin sowohl ein Kompromiß wie eine durch gesellschaftliche Prozesse bewirkte subjektive Haltung von Künstlern.

WOLF Sie wissen so gut wie ich, daß eine Reihe von Schriftstellern viele Jahre lang im Fernsehen der DDR unerwünscht waren, um nicht zu sagen: ausgegrenzt.

NEHRING Doch, das muß man sagen. Es war eine fatale Lage für unser Land und viele der besten Autoren.

WOLF Als Sie dann mit diesem Vorschlag kamen, haben Sie sicher mein Zögern und Mißtrauen gemerkt. Ich wußte nicht, ob ich es wirklich wollte, daß etwas von mir über diesen Sender geht. Wir, das Team und ich, mußten uns auch erst kennenlernen. Da hat sich dann mit der Zeit natürlich vieles aufgelöst an Vorbehalten. Im Ausland hat das niemand geglaubt, wenn man das mal erwähnen mußte, daß es nicht möglich war, in unserem Fernsehen in irgendeiner Form präsent zu sein. Ich spreche wirklich nicht nur von mir. Es hat mich auch eigentlich nicht so sehr geschmerzt – der Schmerz lag woanders und früher –, weil ich ja die Zeit benutzt habe für andere Arbeiten, die ich auch als meine eigentliche Arbeit ansehe, aber natürlich ging eine ganze Dimension von öffentlicher Wirksamkeit verloren, gingen auch ganz bestimmte Schichten der Bevölkerung, die eben weniger lesen und mehr fernsehen, uns Autoren absolut verloren. Genau das war die Absicht. Das haben wir auch als Absicht erkannt. Wir waren für unser Fernsehen offenbar Feinde, und für uns war es ein nicht vorhandenes Medium.

NEHRING Ich kann dem nicht widersprechen, obgleich das ein Prozeß war, der viele Mitarbeiter im Fernsehen auch sehr schmerzlich betroffen hat. Ich habe dazu eine generellere Frage, was Wirkung von Literatur betrifft. Sie haben in Ihrer Dankrede zum Büchnerpreis 1980 gesagt: »Wenn die drei

Sprachen, die Büchner noch unter Überanspannung von Körper und Geist in seiner Person zusammenhielt – die Sprachen von Politik, Wissenschaft und Literatur –, inzwischen unrettbar weit voneinander weggetrieben sind: Die Sprache der Literatur scheint es merkwürdigerweise zu sein, die der Wirklichkeit des Menschen heute am nächsten kommt.«

Jetzt erleben wir, daß Literatur und Literaten diese Einheit wiederherstellen. Sie sind eine Protagonistin in dieser Entwicklung, weil sich in Ihrer Sprache Politik in Richtung Demokratie und Wissenschaft in Hinsicht auf Ethik als humane Bedürfnisse zusammenfügen. Erwarten Sie, daß die neuen politischen Entwicklungen diesen Zusammenklang verstärken?

WOLF Das ist eine interessante Frage. Sie ist jetzt noch nicht zu beantworten und wird vielleicht von verschiedenen Autoren verschieden beantwortet werden. Was jetzt passiert, ist, daß sich viele meiner Freunde und ich nicht retten können vor Anforderungen, die direkt politischer Natur sind. Wo immer man auftreten soll, wofür immer man etwas schreiben soll: immer im Sinn von Pamphlet, Artikel, Publizistik. Dieser Möglichkeit und diesen Anforderungen wollen wir uns und können wir uns nicht entziehen. Mit anderen Worten: Seit Wochen schreibe ich nichts »Literarisches«, weil ich überhaupt nicht dazu komme. Ich weiß nicht, wie lange diese Phase dauern wird. Ich möchte sie eigentlich so kurz wie möglich halten, denn es werden natürlich in zwei, drei Jahren die Fragen kommen: Wo sind nun die Bücher, auch die Filme? Wir können doch nicht gleich diesen neuen Prozeß beschreiben, wir können ihn als einen Standpunkt, einen Standort, so eine Art Aussichtsturm nehmen. Jetzt haben wir ihn als Gesichtspunkt für das hinter uns Liegende. Das ist sehr, sehr wichtig, wird, glaube ich, die Tonart sehr bestimmen, in der wir nun über Vergangenheit schreiben werden. Das ist wirklich etwas anderes, ob man schreibt aus einer tiefen Resignation oder Verzweiflung heraus, daß sich nichts ändern wird, oder ob man dieselben Vorgänge beschreibt aus einer Zeit heraus, die in Bewegung geraten ist. Politisch wird das natürlich sein, was man da schreibt, aber es soll nicht vordergründig politisch werden. Ich weiß das von sowjetischen Autoren. Die werden seit drei oder mehr Jahren von Glasnost aufgefressen. Die sagen, vorher mußten unsere Bücher das mit erledigen, was die Presse nicht erledigt hat, nun auf einmal macht die Presse das alles. Und sie sagen, jetzt müssen wir uns besinnen auf das, was die Literatur eigentlich zu leisten hat. Die Frage ist nur, ob man es dann überhaupt noch kann. Wir haben eine Menge Schriftsteller, die eigentlich Publizisten sind, sein müßten. Sie haben sich in die Literatur geflüchtet, weil dort immer noch ein Refugium war, weil sie dort noch etwas sagen konnten, was man in der Zeitung oder im Fernsehen eben nicht sagen konnte. Der Differenzierungsprozeß steht uns bevor. Das sehe ich sehr deutlich.

NEHRING Ich bin sehr gespannt darauf, denn ich bin ja im Fernsehen verantwortlich für die Verfilmung von Literatur, von Prosa. Wir haben bei der Erzählung *Selbstversuch* eine Geschichte vorliegen, die dieses Feld auch theoretisch berührt. Sie haben in dem Essay *Lesen und Schreiben* im Jahr 1968 formuliert: »Die Prosa sollte danach streben, unverfilmbar zu sein. Sie sollte von dem gefährlichen Handwerk ablassen, Medaillons in Umlauf zu bringen und Fertigteile zusammenzusetzen.« Die Begriffe »Medaillons« und »Fertigteile« stehen für eine »Objektivität«, die von Filmbildern und -vorgängen ausgeht, die unveränderbar sind und für authentisch gehalten werden sollen, während die Prosa durch den Autor die eigenen Erfahrungen mitliefert, sie aber nicht als objektiv suggeriert. Ist Ihre Position dazu noch immer so, oder sehen Sie für den Film heute andere Chancen?

WOLF Ich habe das damals so deutlich und auch so scharf formuliert, um mir selber ganz klarzumachen, wo die Unterschiede liegen. Sie sagten ja schon, daß ich auch für den Film gearbeitet habe. Mir wurde bewußt, daß das nicht mein eigentliches Metier ist. Ich habe formuliert, was ich in der Prosa suche: diesen subjektiven Faktor. Man müßte natürlich mehr darüber sagen. Es haben mir auch Filmschaffende gesagt, daß auch der Film subjektiv sein kann, daß die Kamera subjektiv geführt werden kann, daß also Film nicht unbedingt Medaillons und Fertigteile schaffen muß. Das akzeptiere ich. Es ging mir darum, daß man durch Filmbilder stärker manipulieren kann. Natürlich weiß ich, wie sehr auch Worte manipulieren. Aber die Wirkungen der Bilder suggerieren stärker als jede Beschreibung, daß hier objektive Wahrheit dargestellt oder gezeigt wird, so daß sich der Zuschauer dem weniger entziehen kann. Er hat kein Gegenargument und kein Gegengewicht, während Prosa eigentlich immer den Autor als Sprecher, Schreiber, Überleger durchscheinen läßt, so daß meiner Ansicht nach – jedenfalls ist das die Wirkung von guter Literatur auf mich – die Auseinandersetzung des Lesers mit dem Autor dauernd stattfindet. Das bedeutet, daß er nicht wehrlos ist, er sich selbst mit hineinbringt, daß er auch selbst entscheidet, was er davon annehmen kann, was für ihn passend ist. Ich will dazusagen, daß ich selbst gerne gute Filme sehe und daß ich natürlich weiß und akzeptiere, in welch hohem Maße sich die Filmkunst auch in Richtung auf Subjektivität entwickelt hat.

NEHRING Ihr Essaybuch heißt *Die Dimension des Autors*. Ich glaube, es ist für die künftige Entwicklung von Filmkunst, auch für den Film im Fernsehen diese Dimension des Autors am dringendsten nötig. Der Film befindet sich gegenwärtig in einer Entwicklung, wo voll auf Bilder gesetzt wird, wo äußere Vorgänge die Handlung vor allem bestimmen. Deshalb sind die Zuschauer auch kaum noch bereit, im Film Sprache und Gedanken, die mit Worten formuliert sind, in sich aufzunehmen. Ich plädiere für eine Annäherung an Prosaliteratur, nicht für den Autorenfilm. Für die Filmrezeption heißt das: Wer hinhört, sieht besser.

Ich möchte deshalb zurückkommen auf eine andere Äußerung von Ihnen. In dem Interview mit Hans Kaufmann bezeichnen Sie die Dimension des Autors auch als »subjektive Authentizität«. Auch der Film *Selbstversuch* hat eine Struktur, bei der die Hauptfigur rückwirkend Erfahrungen verarbeitet. Ist das eine Möglichkeit, durch die über diese Kommentierung, die Reflexion, diesen Reichtum an Gedanken, den die Figur direkt äußert, mehr von der Dimension des Autors in den Film kommt?

WOLF Ja, sicher. Das ist bei mir eine sehr häufig vorkommende Struktur. Ich merke das übrigens immer erst hinterher, wenn eine Sache wieder ihre Struktur gefunden hat, nachdem ich, wie übrigens auch bei *Selbstversuch*, erst mal viele Versuche unternehme, die Geschichte »pur« zu schreiben. Das wird dann unerträglich für mich, trivial. Immer ist es so, daß über einen langen Prozeß, den ich mir anscheinend nicht ersparen kann, obwohl ich es eigentlich vorher wissen könnte, doch eine Struktur herauskommt, die eine Erinnerungsstruktur ist, ein Nachdenken über Erfahrungen. Das war zum erstenmal bei *Nachdenken über Christa T.*, das war bei *Kindheitsmuster* so, eigentlich schon im *Geteilten Himmel,* wo die Hauptfigur auch nachträglich reflektiert. Diese Ebene ist mir wichtig, unentbehrlich.

Eine meiner Abwehrgründe war, als Sie mit dem Vorschlag kamen, *Selbstversuch* zu verfilmen, daß ich fürchtete, wenn man diese Ebene herausnimmt, dann wird es eine ganz banale, oberflächliche Geschichte. Sie können sich sicher erinnern, daß im Laufe der Arbeit am Drehbuch, an der ich ja etwas mitgewirkt habe, hier mein Haupteingriff lag, eben diese Ebene wieder hineinzubringen, weil das Wichtigste sonst verlorenginge.

Die Frage ist, ob die Zuschauer, oder ob viele Zuschauer bereit sind zu akzeptieren, daß hier nicht Knall und Fall action abläuft, sondern daß eine junge Frau, die eine tiefgreifende, schwere Erfahrung gemacht hat, die ihre ganze Existenz erschütterte, diese Erfahrung sich rückwirkend bewußt macht und daß der Film so erzählt wird.

NEHRING Sie haben damals, als die Erzählung erschien, sehr unterschiedliche Reaktionen erfahren. Ich glaube auch, daß die Figuren in der Erzählung, selbst die Hauptfigur, nicht auf pure Identifikation angelegt sind. Es ist inzwischen, in den fünfzehn Jahren seit dem Erscheinen, auch das Selbstbewußtsein und der Anspruch von Frauen, sich selbst zu verwirklichen, vorangeschritten, nicht nur bei uns, sondern in der ganzen Welt. Am unterentwickeltsten ist dies vielleicht in den politischen Strukturen ...

WOLF Darf ich eine Einfügung machen? Ich bin mir nicht sicher, ob meine Beobachtung stimmt. Ich hatte so Anfang bis Mitte der siebziger Jahre bei Lesungen oder anderen Begegnungen auch gerade in Betrieben den Eindruck, daß dieses Selbstbewußtsein, von dem Sie sprechen, sich wirklich stärker zeigte bei Frauen. Ich dachte, die ersten, die bei uns mündig würden, werden die Frauen sein. Es hat sich nur wenig bewahrheitet. Warum, das ist eine Frage, die ich mir stelle, die sich wohl auch die ganze Literatur wird stellen müssen, wenn meine Beobachtung stimmt. Ich habe den Eindruck, daß es dann fast eine Generation von Frauen gab, denen dieses Selbstbewußtsein ausgetrieben worden war. Nicht etwa, daß sie sich nicht mehr entwickelt hätten, aber die Schule hat sehr dazu beigetragen, nicht nur Frauen, auch jungen Männern, Jugendlichen, Kindern das Selbstbewußtsein auszutreiben. Ich will in keinem Fall verallgemeinern, und ich sehe jetzt gerade bei diesen Massenbewegungen, wie klug, politisch reif und diszipliniert sie ablaufen, daß sich dieses Selbstbewußtsein ganz schnell wieder entwickelt, in wenigen Wochen und Monaten. Wie es sich vorher in kleinen Gruppen, auch in Frauengruppen, erhalten und wieder entwickelt hat. Aber im ganzen gesehen ist das Selbstbewußtsein der Frauen bei uns nicht so stark ausgeprägt. Es ist dem Stand der neunziger Jahre nicht angemessen. Wird aber schnell kommen, denke ich.

NEHRING Ist nicht ein gewisses Gefühlsdefizit generell zu beklagen, nicht nur bei Frauen, sondern auch bei Männern? Das wird im Film durch eine junge Nebenfigur ausgesprochen. Diese Anna sagt, nachdem sie die verwandelte Johanna als

Johann kennengelernt hat, »daß die Männer immer fauler werden, zu faul zur Liebe jedenfalls. Und eines Tages kommt es noch so weit, daß sie zu faul werden zu herrschen und uns ihre himmelschreiende Bequemlichkeit als Gleichberechtigung aufdrängen«.

Der Film ist eigentlich eine Liebesgeschichte, die Geschichte einer unerwiderten Liebe, einer Liebe, in der der Partner sich nicht als fähig erweist, Liebe zu empfinden.

WOLF Ja, das ist die zentrale Problematik, wofür die Verwandlung der Frau in einen Mann und alles andere nur Mittel sind, um dieses Problemfeld auszuweiten, auszudehnen. Mich beschäftigt seit langem die Frage – es läßt sich auch in meinen Büchern ablesen –, wie kommt es eigentlich zu diesem Gefühlsdefizit, besonders bei den Männern? Inzwischen gibt es darüber viele Untersuchungen, wie stark so ein kleines Kind, ein kleines männliches Kind hindressiert wird auf die Unterdrückung von Gefühlen, und wie stark dann in der späteren Entwicklung als Junge, junger Mann und dann eben als Mann die Selbstverleugnung bis hin zum Selbsthaß ihm von der Gesellschaft abgefordert wird.

Diese sich selbst verleugnenden Männer, besonders Männer in allen möglichen Funktionen, werden jetzt gefragt: Warum habt ihr das eigentlich alles mitgemacht? Sie wissen darauf keine Antwort, weil da ein ganz tiefer Entpersönlichungsprozeß in ihnen vorgegangen ist. Sie verstehen ihn nicht. Ich glaube, daß die Literatur helfen wird, das aufzudecken. Das wird sehr schmerzhaft werden. Wobei ich die Frauen nicht ausschließe. Das war eine der schlimmsten Entwicklungen bei uns durch diese rigiden Machtstrukturen, daß man sich herausziehen mußte aus den Apparaten, um nicht von ihnen deformiert zu werden. Das hat dazu geführt, daß sehr viele Leute nur noch brav gewesen sind, die fähig und geeignet gewesen wären, schöpferisch tätig zu werden auf allen Gebieten, daß sie danebenstanden oder im zweiten und dritten Glied und daß in das jeweils erste Glied diejenigen aufrückten, die einen starken Deformationsprozeß an sich selbst – wie soll ich sagen – geduldet und ertragen haben. Das ist jetzt keine Schuldzuweisung – man kann bei so massenhaft ablaufenden Entwicklungen nicht einzelnen Menschen die Schuld zuweisen. Ich verstehe auch, daß diese Menschen jetzt nicht fähig sind, das zu erklären oder sich dazu und darüber zu äußern. Das wird noch eine lange Zeit brauchen, es geht um die *Kindheitsmuster* des Stalinismus. Der Professor, der in der Erzählung und im Film *Selbstversuch* für Johanna der Liebespartner sein sollte, es für sie ist, ist nicht fähig, solche Gefühle zu empfinden, sie zu erwidern. Das zu erkennen, ist der eigentliche Umbruch in ihr und im Film: der große Schmerz so vieler Frauen.

NEHRING Nun ist, glaube ich, in der Literatur, die Frauen schreiben, der Gedanke der Emanzipation als Zündstoff für die Emanzipation beider Geschlechter nicht stark entwickelt. Große Liebesgeschichten von Frauen, wie es sie als Liebesgeschichten in der Weltliteratur gab, gibt es heute wenig. Ich will sagen, ein neues Romeo-und-Julia-Stück müßte eigentlich von einer Frau geschrieben werden.

WOLF Wenn Sie Romeo und Julia nennen, welche gesellschaftlichen Unmöglichkeiten würden diese beiden heute auseinanderbringen? Das ist wohl kein Zufall, daß es keine großen Liebesgeschichten gibt, oder daß sie uns im Moment nicht einfallen. Das muß daran liegen, daß es sie selten gibt. Das Wort selten bedeutet ja nicht, daß man sie nicht schreiben könnte und müßte. Aber die Haupterfahrung ist doch offenbar, daß Frauen, die fähig sind zur Liebe, den entsprechenden Partner – blödes Wort – eben den, die sie lieben können und der sie auch lieben würde, nicht gefunden haben. Ich weiß nicht, ob die Entwicklung in eine Richtung geht, daß auch die Frauen immer stärker narzißtisch werden, denn das ist ja einer der Grundzüge der Männer, die nicht zur Partnerschaft fähig sind. Vielleicht wird die Zahl derjenigen, die als wirkliche Liebespaare miteinander leben können, immer kleiner. Das mag ein Zug der modernen Zeit sein.

NEHRING Liebe als Bewährung in extremen Spannungen, vielleicht ist das auch der Zeitpunkt, wo die Frage der Gleichberechtigung oder Emanzipation nicht mehr steht, weil in dem Augenblick die Partnerschaft, die Liebe als gemeinsame Bewältigung des Lebens ihre Erfüllung findet. Es gibt heute so viele große Konflikte, die bewältigt werden müssen, vielleicht ist das auch eine Chance für die Liebe.

WOLF Das glaube ich auch. Was Brecht gesagt hat, daß zu einer Liebe oder Partnerschaft oder Ehe, ich weiß nicht genau, wie er es ausgedrückt hat, eine »dritte« Sache kommen muß, das habe ich mein ganzes Leben lang gedacht, und habe es auch so erfahren. Mir scheint, die Ehen und Liebesverhältnisse in meiner Generation, die hatten am Anfang die »dritte« Sache. Das war unsere gemeinsame Hoffnung und Utopie, dieses Land in einer für uns noch erlebbaren Zeit in sozialistische Verhältnisse hineinzuführen. Das hat uns für viele Jahre unseres Zusammenseins als Partner in Atem gehalten. Es wurde nie langweilig, man hatte immer diese »dritte« Sache, auch dann noch, als es hauptsächlich um Enttäuschungen ging, um Kritik, die gefährlich war, über die man sich verständigen mußte. Aber es gab immer einen Bezug dazu, eine Bindung, die auch in den Verhältnissen der Eheleute oder der Liebesleute eine Bindung darstellte. Ich habe den Eindruck, daß jetzt junge Leute, die sich voll engagieren, fast bis zur Selbstaufgabe in diesem neuen gesellschaftlichen Prozeß, der sehr schnell und heftig abläuft in diesen Wochen bei uns, daß denen genau das auch passiert, ohne daß sie es vielleicht merken. Daß plötzlich ganz neue Verhältnisse in den Familien, in den Ehen da sind und daß diese Bindung an eine »dritte« Sache wieder eintritt. Dazwischen gab es, scheint mir, Generationen, die das nicht hatten und die darunter sehr gelitten haben. Und die jetzt nachträglich, wenn es ihnen bewußt wird, was ihnen fehlte, doppelt leiden werden.

NEHRING Ich möchte noch einmal auf das Thema der wissenschaftlichen Utopie im Film zurückkommen. Science fiction als Genre ist populär, es gibt viele Filme auf diesem Gebiet. Die Suche nach einer neuen Ethik oder überhaupt einer Ethik für den wissenschaftlichen Fortschritt auf dem Weg ins Jahr 2000 ist etwas, was uns sehr beschäftigt. In *Selbstversuch* resümiert die Hauptfigur am Schluß gegenüber dem Professor: »Ihr Präparat ist exzellent. Unser Experiment war ein barbarischer Unsinn. Für Entschuldigungen ist es zu spät. An mir ist es, Ihnen zu sagen: Auch ich hatte keine Wahl, mich in dieses Spiel einzulassen oder nicht.«

Haben wir als menschliche Wesen, mit Vernunft begabt und mit gespeicherten Erfahrungen versehen, wirklich keine Wahl, uns von Entwicklungen, die offensichtlich menschheitsbedrohende Fehlentwicklungen im technischen und wissenschaftlichen Bereich sind, abzukoppeln oder ihnen Einhalt zu gebieten?

WOLF Das ist eine der Existenzfragen. Ich werde verhältnismäßig oft als wissenschaftsfeindlich bezeichnet, weil ich diese Frage sehr radikal stelle und mit einem Unterton von Verzweiflung, aber mit voller Absicht. Zum Beispiel in *Störfall* und eben auch in *Selbstversuch*. Ich glaube, daß wir die Wahl hatten und daß jetzt ein Zeitpunkt gekommen ist, wo uns die Wahl schon fast aus den Händen genommen ist. Weniger in einem Land wie diesem hier, wo die Wissenschaft gar nicht die enormen Mittel hatte und nicht haben wird, wie meinetwegen in den USA oder in der Bundesrepublik und anderen hochentwickelten kapitalistischen Ländern. Dort ist die wissenschaftliche Forschung einfach eine solche Institution geworden, in sich sehr abgeschlossen, kaum mehr der Öffentlichkeit rechenschaftspflichtig, ihr auch kaum einsichtig, einem zwanghaften Selbstlauf unterworfen. Man liest und hört fast jede Woche von Fortschritten in der Gentechnik. Das ist ein Gebiet, das durchaus in unsere Filmthematik hineingreift, und ich frage mich, ob diesen zu allem entschlossenen Wissenschaftlern noch Einhalt zu gebieten ist. Hoffentlich kommen die Gesetze, die sie beschränken sollen, nicht zu spät. Was sie da tun, wird im Film »barbarisch« genannt, weil es jeglicher Ehrfurcht entbehrt. Ehrfurcht vor der Natur, der Schöpfung, dem Leben ist sehr schwer zu vermitteln, wenn sie nicht von klein auf jemandem wirklich in Fleisch und Blut übergegangen ist, als Tabu und als Menschheitsaufgabe. Es gibt Grenzen, über die ein Mensch nicht gehen soll, auch dann nicht, wenn er nicht an irgendeine höhere Instanz glaubt, die ihm das verbietet. Ich weiß nicht, mit welchen Mitteln diese Ethik noch in die Institution Wissenschaft hineinzubringen ist.

NEHRING Der Film entläßt uns mit einer Hoffnung. Johanna berichtet von ihren Erfahrungen als eine, die noch einmal davongekommen ist. Sie hat den Selbstversuch gemeinsam mit dem Professor abgebrochen, als die Folgen ihn in der nachfolgenden Generation, in Gestalt seiner eigenen Tochter, persönlich bestrafen. Es existierte ein Gegenmittel, das die Rückverwandlung bewirkt. Welche Gegenmittel gibt es? Ist die Kunst, die Kultur etwas, wodurch diese Gegenmittel wirksam gemacht werden können? Liegen sie in der Entwicklung der Demokratie, eines neuen Denkens, in dem, was Anna Seghers »die Kraft der Schwachen« nannte?

WOLF Wir erleben jetzt bei uns eine Explosion von Demokratie, noch nicht in den Strukturen, aber in den Sälen und auf den Straßen. Alles, was Menschen bedrückt, alle Fragen und Vorschläge, die sie haben, werden offen ausgesprochen. Was sich daraus entwickelt, weiß man noch nicht. Man muß sehen. Aber die einzige Gegenkraft gegen die Willkür und die elitäre Entwicklung von solchen sowohl wohltätigen als auch sehr gefährlichen Institutionen der Wissenschaft ist meiner Ansicht nach eine, jetzt muß ich das Wort gebrauchen, »totale« demokratische Kontrolle, und zwar eine Kontrolle von Laien, von Leuten, die nichts anderes haben als ihre Bildung, ihre Sorge und ihren gesunden Menschenverstand, und die tatsächlich die Möglichkeit erhalten, in welcher Form auch immer, das mitzubestimmen, was in wissenschaftlichen Institutionen vor sich geht. Wenn auf der ganzen Welt jetzt nach und nach, sehr spät, eine Abrüstung vorankommt, auch eine Abrüstung im geistig-ideologischen Bereich, dann sind wir natürlich in den sozialistischen Ländern im Vorteil. Wir sind nicht aus Konkurrenz- und Profitgründen auf totale Geheimhaltung angewiesen. Es könnte sich zeigen, daß diese undemokratischen Strukturen in den kapitalistischen Ländern für die Menschheit viel gefährlicher sind. Da weiß ich auch noch kein Gegenmittel, wie man einen Konzern mit seinen großen, mit ungeheuren Mitteln bestückten Forschungsabteilungen daran hindern könnte, auch nicht im geheimen irgendwelche unheilvollen Mittel oder Methoden zu entwickeln. Dagegen scheint mir kein Kraut gewachsen, denn dorthinein führt ja keinerlei demokratische Kontrolle. Oder irre ich mich da?

NEHRING Insofern ist das, was gegenwärtig so heiß umstritten ist, ob der Sozialismus eine Berechtigung hat, als Alternative eine Hoffnung eröffnet, auch von dieser Seite neu zu durchdenken.

WOLF Ich setze schon immer, und bleibe auch dabei, auf die Alternative Sozialismus, wobei diese Alternative natürlich, und das wird eine ganze Zeit dauern, neu zu definieren ist. Es kann sogar sein, daß unser Land, das ein ziemlich großes Potential von nicht nur klugen, sondern auch gut ausgebildeten Leuten hat, wie sich jetzt zeigt, die zur Überraschung vieler bereit sind, sich neu zu engagieren, daß da vielleicht eine Alternative entwickelt werden könnte. Ich meine das in einem ganz bescheidenen Sinn. Aber ich sehe eigentlich nicht, was dem wirklich entgegenstehen sollte, wenn die bis jetzt noch sehr harten destruktiven Strukturen umgeändert sind.

Was dem wirklich entgegenstünde, daß hier das Volk eine Kontrolle ausübt über alle Bereiche, auch über den Bereich Wissenschaft, im Sinne nicht von Mißtrauen gegenüber den Wissenschaftlern, sondern im Sinne der Zusammenarbeit, die auch die Wissenschaftler sehr befreien könnte, so wie jetzt die Journalisten und Literaten in dem Sinn befreit sind und sich auch mehr bestätigt sehen, weil sie eingebettet sind in den demokratischen Prozeß des Mündigwerdens nach langer Sprachlosigkeit. Ziemlich lange haben wir immer nur Vorstöße gemacht, die abgewehrt wurden. Dabei gab es eine Menge Tragödien unter Künstlern, ich meine damit auch die Welle der Weggegangenen im vorigen Jahrzehnt. Das waren keine leichten Abschiede und Schicksale. Da waren wir hier ziemlich allein. Jetzt sehen wir uns inmitten einer großen Volksbewegung. Das ist eine große Befreiung. Wenn diese Bewegung anhält, wenn sie sich nicht zufriedengibt mit der Erfüllung sehr wichtiger, aber hauptsächlich materieller Wünsche, dann sehe ich tatsächlich eine Hoffnung.

NEHRING Ich bedanke mich sehr für das Gespräch. Es hat viele Fragen berührt, die weit über das Thema und die möglichen Wirkungen des Films hinausreichen, die aber im Gesamtrahmen der Selbstfindung, Selbstverständigung und Selbstbehauptung für uns außerordentlich wichtig sind. Der Film *Selbstversuch* mag dennoch etwas davon bei den Zuschauern anrühren und zum Schwingen bringen.

WOLF Ja, dafür ist jetzt ein günstiger Moment.

*30. Oktober 1989*

# Sprache der Wende

*Rede auf dem Alexanderplatz*

Jede revolutionäre Bewegung befreit auch die Sprache. Was bisher so schwer auszusprechen war, geht uns auf einmal frei über die Lippen. Wir staunen, was wir offenbar schon lange gedacht haben und was wir uns jetzt laut zurufen: Demokratie – jetzt oder nie! Und wir meinen Volksherrschaft, und wir erinnern uns der steckengebliebenen oder blutig niedergeschlagenen Ansätze in unserer Geschichte und wollen die Chance, die in dieser Krise steckt, da sie alle unsere produktiven Kräfte weckt, nicht wieder verschlafen; aber wir wollen sie auch nicht vertun durch Unbesonnenheit oder die Umkehrung von Feindbildern.

Mit dem Wort »Wende« habe ich meine Schwierigkeiten. Ich sehe da ein Segelboot, der Kapitän ruft: »Klar zur Wende!«, weil der Wind sich gedreht hat, und die Mannschaft duckt sich, wenn der Segelbaum über das Boot fegt. Stimmt dieses Bild? Stimmt es noch in dieser täglich vorwärtstreibenden Lage?

Ich würde von »revolutionärer Erneuerung« sprechen. Revolutionen gehen von unten aus. »Unten« und »oben« wechseln ihre Plätze in dem Wertesystem, und dieser Wechsel stellt die sozialistische Gesellschaft vom Kopf auf die Füße. Große soziale Bewegungen kommen in Gang, soviel wie in diesen Wochen ist in unserem Land noch nie geredet worden, miteinander geredet worden, noch nie mit dieser Leidenschaft, mit soviel Zorn und Trauer und mit soviel Hoffnung. Wir wollen jeden Tag nutzen, wir schlafen nicht oder wenig, wir befreunden uns mit neuen Menschen, und wir zerstreiten uns schmerzhaft mit anderen. Das nennt sich nun »Dialog«, wir haben ihn gefordert, nun können wir das Wort fast nicht mehr hören und haben doch noch nicht wirklich gelernt, was es ausdrücken will. Mißtrauisch starren wir auf manche plötzlich ausge-

119

streckte Hand, in manches vorher so starre Gesicht: »Mißtrauen ist gut, Kontrolle noch besser« – wir drehen alte Losungen um, die uns gedrückt und verletzt haben, und geben sie postwendend zurück. Wir fürchten, benutzt zu werden. Und wir fürchten, ein ehrlich gemeintes Angebot auszuschlagen. In diesem Zwiespalt befindet sich nun das ganze Land. Wir wissen, wir müssen die Kunst üben, den Zwiespalt nicht in Konfrontation ausarten zu lassen: Diese Wochen, diese Möglichkeiten werden uns nur einmal gegeben – durch uns selbst.

Verblüfft beobachten wir die Wendigen, im Volksmund »Wendehälse« genannt, die, laut Lexikon, sich »rasch und leicht einer gegebenen Situation anpassen, sich in ihr geschickt bewegen, sie zu nutzen verstehen«. *Sie* am meisten blockieren die Glaubwürdigkeit der neuen Politik. Soweit sind wir wohl noch nicht, daß wir sie mit Humor nehmen können – was uns doch in anderen Fällen schon gelingt. »Trittbrettfahrer – zurücktreten!« lese ich auf Transparenten. Und, an die Polizei gerichtet, von Demonstranten der Ruf: »Zieht euch um und schließt euch an!« – ein großzügiges Angebot. Ökonomisch denken wir auch: »Rechtssicherheit spart Staatssicherheit!« Und wir sind sogar zu existentiellen Verzichten bereit: »Bürger, stell die Glotze ab, setz dich jetzt mit uns in Trab!« Ja: Die Sprache springt aus dem Ämter- und Zeitungsdeutsch heraus, in das sie eingewickelt war, und erinnert sich ihrer Gefühlswörter. Eines davon ist »Traum«. Also träumen wir mit hellwacher Vernunft.

Stell dir vor, es ist Sozialismus, und keiner geht weg! Sehen aber die Bilder der immer noch Weggehenden, fragen uns: Was tun? Und hören als Echo die Antwort: Was tun! Das fängt jetzt an, wenn aus den Forderungen Rechte, also Pflichten werden: Untersuchungskommission, Verfassungsgericht. Verwaltungsreform. Viel zu tun, und alles neben der Arbeit. Und dazu noch Zeitung lesen!

Zu Huldigungsvorbeizügen, verordneten Manifestationen werden wir keine Zeit mehr haben. Dieses ist eine *Demo,* ge nehmigt, gewaltlos. Wenn sie so bleibt, bis zum Schluß, wissen wir wieder mehr über das, was wir können, und darauf bestehen wir dann:

Vorschlag für den Ersten Mai:

Die Führung zieht am Volk vorbei.

Unglaubliche Wandlungen. Das »Staatsvolk der DDR« geht auf die Straße, um sich als – Volk zu erkennen. Und dies ist für mich der wichtigste Satz dieser letzten Wochen – der tausendfache Ruf: Wir – sind – das – Volk!

Eine schlichte Feststellung. Die wollen wir nicht vergessen.

*4. November 1989*

# »Es tut weh zu wissen«

Die einhundertsiebzig Briefe auf meinen letzten Artikel in der »Wochenpost«, die ich las, sähe ich gerne als Dokumentation gedruckt. Für mich sind sie ein Fundus, den ich sorgsam bewahren werde, auch als Zeugnis für unsere geistig-seelische Verfassung in diesen Tagen. Die Briefe zeigen zuallererst, wie aufgewühlt wir alle sind, und sie beweisen außerdem, daß jeder, der sich mit der »Volksbildung« auseinandersetzt, besonders empfindliche Punkte berührt. Besonders heftige Reaktionen auf den überstürzten Umbruch der Werte in unserem Land sind die Folge, auch die Abwehr gegen vermeintliche oder wirkliche Angriffe zeigt sich besonders stark. Vieles, was mir in manchen Briefen noch als Unterstellung angekreidet wird, ist inzwischen dutzendfach auf öffentlichen Foren ausgesprochen. Das mindert die Betroffenheit nicht, steigert sie eher.

Wie die Leute überall im Land sich in streitenden Gruppen gegenüberstehen, spaltet sich auch die Leserschaft eines solchen Artikels: »Sie haben mir aus dem Herzen gesprochen.« Oder: »Dieser Artikel ist es nicht wert, gelesen zu werden.« Zu einfach wäre es, die einen zu den bisher Unterdrückten, die anderen zu denen zu schlagen, die selbst gegängelten und unterdrückten, obwohl die natürlich nicht durch Zauberschlag verschwunden sind. Oft geht der Riß mitten durch die Person, mitten durch den Brief: »Haben wir das Falsche gelernt und gelehrt? Haben wir nicht gefördert und versucht anzuerziehen: mitregieren – mitdenken – mitarbeiten? Leider standen der Verwirklichung dieser Ziele Wände entgegen.«

Ehemalige Schüler melden sich: »Wenn ich an meine eigene Schulzeit denke, spüre ich, wie Wut und Zorn, ja sogar Haß in mir aufsteigen, Erinnerung an Demütigungen und die eigene Ohnmacht.« – »Die EOS-Zeit waren die schlimmsten Jahre meines Lebens. Ich lebte diese vier Jahre sowohl in ständiger Angst, ›Falsches‹ zu sagen, als auch in der Beflissenheit, die

von den Lehrern gewünschten Formulierungen zu erahnen.« –
»Ich werde 30, und auch meine Generation hat seit frühester
Kindheit nichts anderes gehört, als ja nicht sagen, was man
wirklich denkt. Es tut mir leid um unsere Jugendzeit, wo wir
weiter nichts taten, als die Hand zu heben, wenn es erwartet
wurde.«

Andere verwahren sich dagegen, als »unmündig hingestellt
zu werden«, berichten, wie sie sich ihr kritisches Denken bewahrt haben und ihre Kinder im gleichen Geist erziehen –
Briefe, die mich freuen, auch wenn einige von ihnen mich mißverstanden haben: Ich verallgemeinere keineswegs Einzelbei-
spiele auf die Menschen einer ganzen Generation.

Am tiefsten betroffen zeigen sich die Lehrer. Da stehen sich
zwei Parteien gegenüber, die in verschiedenen Ländern mit un-
terschiedlicher Realität gelebt, in unterschiedlichen Schulsyste-
men gelehrt zu haben scheinen. Manche verstehen meinen Artikel als Pauschalangriff auf alle Lehrer: »Frau Wolf erklärt die
Lehrer in unserem Land für vogelfrei, und jeder, der auf der
Seite von Frau Wolf steht, darf Lehrer beschimpfen, anspucken
und für alle Probleme in unserem Land verantwortlich machen.« Andere sehen ihre Probleme zutreffend dargestellt.
»Ehrlich gesagt, ich hätte es nicht geschrieben, denn in mir
steckt immer noch die Angst vor Repressalien.« Manche glauben sich verteidigen zu müssen: »Es gibt in unserem Land Tausende gute Lehrer, die ihren Schülern, häufig weit ins Leben
hinein, Freund und Helfer sind.« Das würde ich nicht bestreiten. Andere bekennen ihre Gewissensnot. Ein Lehrer, 35 Jahre
im Beruf, schreibt: »Ich habe so gearbeitet, wie man es von
mir verlangte und unter stetem Tabu, um nicht beim Direktor
oder Kreisschulrat aufzufallen. Auf meiner Fahne stand ja
›Sozialismus‹.« – Eine Lehrerin: »Ich wußte, daß Mut zur Offen-
heit meinen Schülern später nur Unannehmlichkeit einbringen
würde. Auch ich habe mit zwei Gesichtern gelebt, leben müssen, und ich habe psychisch großen Schaden dadurch erlitten.«
– Andere verteidigen, was sie gelehrt haben und wie sie es

taten, und sprechen manchmal unbewußt gegen sich selbst: »Nach Wolf wäre es wohl besser gewesen, unseren Kindern – wie in Bayern – die Landkarten mit den Grenzen von 1937 zu servieren.«

Am bittersten ist jene Reihe von Lehrerbriefen, die sich mit der Unterdrückung ihres eigenen kritischen Denkens im System der Volksbildung auseinandersetzt. »Nicht vorstellbar, was wir schlucken mußten«, schreibt eine ehemalige Lehrerin. Man habe schon lange »nachgedacht und Signale gegeben«, aber zum Beispiel keine Antwort auf einen Brief ans Volksbildungsministerium bekommen. Der Kreisschulrat habe »gestandenen Pädagogen« das Wort entzogen und den Mund verboten. Eine Lehrerin nennt das Dienstverhältnis der Lehrer eine »moderne Form der Leibeigenschaft«. Nun, schreibt ein anderer, müsse er erleben, »wie wir Lehrer angegriffen werden und jetzt von staatlichen Leitungen, von eigenen Kollegen allein gelassen werden«. Manche Lehrer beschreiben ihre jahrelange »verzweifelte Gratwanderung, um das gerade noch Sagbare (im Sinn von Erlaubtem) zu finden, dabei zu den Schülern zu stehen und von anderen Kollegen und Vorgesetzten nicht als Staatsfeind degradiert zu werden«. Einige schildern, wie sie aus dem Schuldienst gehen mußten, weil ihr Körper sie – zum Beispiel durch »schlimmste Magenschmerzen« – »auf etwas nicht Funktionierendes« hinwies.

Manche fühlen sich durch meinen Artikel tief verletzt, nennen mich »hartherzig«, »demagogisch«, »einäugig«, mit »Scheuklappen versehen«, suchen mich sogar – wieder mal – »auf der anderen Seite der Barrikade«. Außer normalen Meinungsverschiedenheiten, dem ebenfalls berechtigten Bestehen auf unterschiedlichen Erfahrungen, gibt es eine Abwehr bis zur Leugnung der Realität und zu Beschimpfungen und Drohungen: »Die politische Macht hat die Arbeiterklasse. Das sollten auch Wolf und Konsorten nicht vergessen.« Sechzehn Unterschriften.

Das kommt mir bekannt vor. Bekannt auch jene Ausfälle gegen »unsere Schriftsteller«, gegen meine »Schreiberei«, gegen die »Künstler«, die sich »jetzt als Gralshüter der Freiheit darstellen«. – »Wo waren Sie denn bisher?« – Ich sehe, die Politik der Trennung von »Intelligenz« und »Volk«, die über Jahrzehnte mehr oder weniger zielgerichtet betrieben wurde, wirkt weiter – nicht bei vielen, vielleicht, aber sie wirkt. Genau dieser Ton und was er an konkreten und diffusen Maßnahmen oder Behinderungen voraussetzte und zur Folge hatte, hat so viele Künstler – ohne Anführungsstriche – aus dem Land getrieben. Ohne dieses Problem aufbauschen zu wollen, möchte ich doch warnen vor einer Fortsetzung der unheilvollen Tradition der deutschen Geschichte, die so oft die Produzenten der materiellen und die der geistigen Güter an verschiedene Ufer trieb: den revolutionären Erneuerungen ist das nie bekommen.

Ich sehe auch, daß bestimmte Informationen bisher vorenthalten wurden – zum Beispiel darüber, daß es mir und anderen seit unserem Protest gegen die Ausbürgerung Wolf Biermanns 1976 nicht möglich war, in Zeitungen und Zeitschriften der DDR politische Artikel zu schreiben oder uns in Rundfunk und Fernsehen zu äußern. »Der Name Christa Wolf scheint im Moment in Mode zu sein«, schreibt eine Leserin erbost. Eine andere glaubt, ich hätte als »Funktionärin des Schriftstellerverbandes« selbst »alles mitgemacht«. Das Honorar von Künstlern und Schriftstellern ist seit Jahren ein Dauerthema. – Ich kenne die Symptome für die entsprechende, allerdings ungleich stärkere und rabiatere intelligenzfeindliche Strömung in der Sowjetunion. Ich halte es für richtig, daß die Leser bei uns (hoffentlich noch) rechtzeitig von diesen Tendenzen erfahren, von denen ich auch durch Kollegen weiß.

Wir sind erst am Anfang, und ich wünschte inständig, daß wir unnötige Härten und Tragödien bei diesem Neuanfang vermeiden könnten. Den Schmerz, den wir uns und anderen zufügen, wenn wir jahrzehntealte Verkrustungen aufbrechen, können wir uns nicht ersparen. Mag es ein euphorisches Gefühl sein, wenn die *äußeren* Mauern fallen – viele Leser schreiben, daß sie sich »noch nicht so richtig freuen können«. Mir geht es auch so. Glücksmomente sind selten, Zorn und Trauer überwiegen noch. Ich habe den Eindruck, daß sich jetzt für viele die Frage erhebt, ob denn diese Starrheit, zu der sie selbst sich auch gezwungen haben, überhaupt nötig gewesen wäre, wo die gestern noch unangreifbaren Gründe für Grenzen, Geheimhaltung, Einschränkungen, Verbote über Nacht einfach dahingeschmolzen sind. Viele zermartern ihr Gewissen, andere, Verantwortliche, »verschwinden einfach im dunkeln«, wie eine Leserin empört schreibt. Natürlich entsteht eine große Unsicherheit, wenn man die inneren Mauern einreißen, sich dem bisher beargwöhnten Nebenmenschen öffnen soll. Die Aggressivität, die sich dann auch gegen andere richtet, verstehe ich.

»Wahnsinn!« Nicht zufällig war es wohl dieses Wort, das aus den Massenströmen derer, die am letzten Wochenende nach 28 Jahren zum erstenmal die Grenzen gen Westen ungehindert passieren konnten, am häufigsten über Mikrofone und Bildschirme zu uns kam. Man sollte nicht verkennen, daß es Menschen gibt, die eindeutige, sogar starre Strukturen brauchen. Wahnsinn hat mit Entgrenzen zu tun. Viele fragen sich nun: War ich vorher normal? Bin ich es jetzt? Ein Lehrer schreibt: »Manchmal hatte man nämlich das Gefühl, verrückt zu sein, wenn man alles so anders, so bedrückend anders sah als viele Mitmenschen.« Oder eine Lehrerin: »Was wir im kleinen Kollegenkreis ganz leise und ganz geheim vor zwanzig Jahren bemerkt und ausgesprochen haben, das verkünden jetzt diese Leute von ganz oben, als wäre es das Normalste von der Welt.«

Es ist das Normalste von der Welt – jetzt. Immer haben revolutionäre Bewegungen eine neue Normalität eingeführt, immer hat es dann Gruppen von Menschen gegeben – nicht nur die bisher Herrschenden –, die die Welt nicht mehr begreifen, die schwer unter dem Gefühl des »Zu spät« für sie leiden, und andere, die endlich lustvoll entdecken, was in ihnen steckt.

126

»Jetzt fühle ich mich lebendig, jetzt ist es spannend, hier zu leben.«

Ich enthalte mich aller Ratschläge. Ich hoffe nur, wir sind großzügig und weitsichtig genug, so viele wie nur irgend möglich auf diesem neuen Weg mitzunehmen. Ich glaube daran, daß Menschen sich verändern können, weiß es auch von mir. Und: Gibt es nicht auch produktiven Schmerz? Wie einer der Briefschreiber es ausdrückt: »Es tut weh zu wissen: Ich darf mit Selbstverständlichkeit *ich* sagen.«

*14. November 1989*

# Einspruch

*Rede vor dem Schriftstellerverband*

Liebe Kollegen, ich habe schon das letzte Mal und auch heute wieder darauf gewartet, daß ein Kollege sich hierherstellt und sagt: Ich war damals dafür, ich habe dafür gestimmt, daß die Kollegen ausgeschlossen werden, und ich leide darunter und bin heute dagegen. Ich habe geglaubt, dann müßte ich nicht sprechen, ich habe nämlich damals dagegen gestimmt. So ein Kollege findet sich nicht, also muß ich wohl doch sprechen.

Es ist damals Unrecht geschehen, unentschuldbares Unrecht, (Beifall) und zwar ausdrücklich zunächst und vor allem an den Ausgeschlossenen und in zweiter Linie an uns allen. Diese Versammlung war eine der schlimmsten meines Lebens. Sie war, aus meiner Sicht, von vorne bis hinten manipuliert. Die Kollegen, die für den Ausschluß der Mitglieder, ihrer ehemaligen Kollegen, stimmten, waren, wie sie mir zum Teil in der Pause sagten, derartig unter Druck gesetzt, daß sie sich nicht trauten, ihre Stimme gegen den Ausschluß zu erheben. Es handelte sich um eine Versammlung im Roten Rathaus, im Nebenraum war ein exzellentes Buffet aufgebaut. Wenn man in den Vorsaal trat, ins Foyer, begleiteten einen nette Herren, sogar bis zur Toilette. Ich weiß, daß andauernd angerufen wurde, wie weit denn die Versammlung schon sei. Keiner soll mir sagen, daß das eine Versammlung war, die auch nur in Ansätzen demokratisch verlaufen ist. Und keiner soll mir sagen, daß die Beschlüsse, die da gefaßt wurden, heute noch irgendeine Rechtfertigung für sich beanspruchen können. (Beifall) Und wenn die Kollegen sich damals schon nicht mehr auf dieses Verbandsstatut vereidigen lassen wollten, das wir doch heute alle – oder fast alle – ändern wollen, so können wir ihnen das doch nachträglich nicht noch zur Last legen. Das ist das Eine.

Das Zweite ist, meine Verbandstätigkeit hat mit dieser Versammlung geendet. Ich muß sagen, daß ich, schwach ausgedrückt sehr verwundert war, wie schleppend die notwendige Rehabilitierung dieser Kollegen vor sich gegangen ist. Es wurden auf dem letzten Kongreß, auf dem ich nicht anwesend war, dazu zwei Sätze von Hermann Kant in seinem Referat gesagt. Ich weiß nicht, ob dem Taten folgten. Ich habe im März 88 hier, als ich zum erstenmal nach vielen Jahren wieder im Verband war, eine Rede gehalten und noch einmal die Rehabilitierung gefordert, mit konkreten Vorschlägen. Ich weiß nicht, ob danach irgend etwas geschehen ist. Nun kann sich schon die zweite Versammlung nicht darauf einigen, daß wir in aller Klarheit sagen: Liebe Leute, euch ist Unrecht geschehen, es tut uns leid. Wir alle haben darunter gelitten, aber ihr am meisten, wir entschuldigen uns dafür. Was ist daran nur so schwer? Wir sehen ja diesen Prozeß jetzt in unserer ganzen Gesellschaft.

Daß es schwer ist, weiß ich. Auch ich entschuldige mich ungern, wenn ich einsehen muß, daß etwas falsch war. Aber auf der damaligen Versammlung hat man ja noch nicht einmal die Stimmen, die Gegenstimmen ausgezählt. Ich habe danach einen Brief an das Präsidium des Verbandes geschrieben, mit der dringenden Bitte, diese Beschlüsse, die erst wirksam wurden mit der Bestätigung des Präsidiums, nicht zu bestätigen. Andernfalls würde ich nicht mehr an der Verbandsarbeit teilnehmen können. Die Ausschlüsse wurden aber prompt bestätigt. Das war eine finstere Geschichte. Und es war doch dem größten Teil der Kollegen hauptsächlich zur Last gelegt worden, daß sie sich in einem Brief an Erich Honecker für Stefan Heym eingesetzt hatten, der mit Hilfe dieser »Lex Heym« kriminalisiert werden sollte. Dieser Brief wurde auch nicht in der Westpresse veröffentlicht, da seine Autoren die Folgen durch die Konsequenzen der Publikation des Briefes gegen die Biermann-Ausbürgerung kannten. Erst fünf Tage nachdem sie nichts gehört hatten, gaben sie eine Nachricht heraus, daß es einen solchen Brief überhaupt gibt. Und das war dann der Hauptgrund dafür, eine solche Versammlung und die Aufputschung der Anwesenden anzuordnen. Ich entsinne mich genau, wie Stephan Hermlin vor der Pause – er mußte dann gehen, weil es ihm nicht gutging – dringend und sehr eindringlich vor der Annahme dieser Resolution warnte. Er sagte, daran würde der Verband zugrunde gehen. Keine der Warnungen wurde beachtet. Andere haben gesprochen, manche der später Ausgeschlossenen haben in sehr bewegender Weise gesprochen, sehr überzeugend. Das waren doch keine »Feinde« und »Gegner«, das ist doch Unsinn, das hier zu behaupten. Ich verstehe nicht, warum wir uns heute so schwertun. Wir müssen das heute entscheiden. (Beifall) Sonst werde ich zu keiner weiteren Versammlung kommen, in der das zur Debatte steht. Und ich werde an jeden einzelnen der Ausgeschlossenen, dessen Adresse ich finden kann, schreiben und werde ihm beschreiben, was los ist, und werde ihm mein persönliches Bedauern dafür ausdrücken. (Beifall)

*23. November 1989*

# Schreiben im Zeitbezug

*Gespräch mit Aafke Steenhuis*

AAFKE STEENHUIS In dem Buch *Kindheitsmuster* lautet ein Schlüsselsatz – ein Kommunist sagt ihn zu Nelly, der Hauptperson, die sich in all den Jahren unter Hitler keines Bösen bewußt war: »Wo habt ihr bloß alle gelebt.« – Nach dem Krieg haben die Menschen in der DDR vierzig Jahre lang die autoritären kommunistischen Strukturen ertragen, aus denen sie sich nun befreien. Ist derselbe Satz anwendbar: Wo habt ihr die ganze Zeit gelebt? Haben Sie gedacht, daß die Entwicklungen so verlaufen würden?

CHRISTA WOLF Die Schnelligkeit und auch die Art der Veränderung, eingeleitet durch das Volk auf den Straßen: ich glaube, daß niemand in diesem Land das vorausgesehen hat. Ich jedenfalls nicht. Wir waren in den letzten Jahren immer bedrückter und verzweifelter, weil wir miterlebten, in welche Sackgasse sich das System hineinmanövrierte durch den unauflöslichen Starrsinn der Führung, die einfach keine Signale mehr wahrnahm. Und die Signale häuften sich.

Auf allen Gebieten wurde die Situation verhärteter. Die Kultur ist dafür immer ein guter Anzeiger. Andererseits wurde die Kritik von unten und die aus der Partei selbst stärker und deutlicher. Es war klar, daß das irgendwann zu einer Veränderung führen mußte. Aber wie die Veränderung vor sich gehen würde, hat wirklich niemand geahnt.

Die Frage, die Sie zitieren: »Wo habt ihr bloß alle gelebt?«, kann man in der Tat oft stellen. Ich habe zum Beispiel gestern einen Brief bekommen von einer Frau, einer Arbeiterin, die in der Partei war und nun völlig verzweifelt und fassungslos ist. Sie schreibt, daß sie das alles nicht gewußt, daß sie immer ihr Bestes getan, ehrlich gearbeitet hat. Ich glaube ihr aufs Wort. Sie lebt in einem kleineren Ort im Süden der DDR. Ich mußte mich wirklich fragen, ob die Signale, die die Literatur zum Bei-

131

spiel schon lange gesendet hat, dort gar nicht angekommen sind. Man muß Ihre Frage differenziert stellen: In verschiedenen Schichten und in verschiedenen Gegenden der DDR wird die Antwort anders sein.

STEENHUIS Wie erleben Sie jetzt diese schnellen Veränderungen? Den Exodus aus dem Land, den Einsturz der Staatsstrukturen, den Ruf nach Vereinigung mit der Bundesrepublik?

WOLF Ich finde es schwierig, über meine Gefühle zu sprechen, weil sie sich andauernd ändern, selbst innerhalb eines Tages. Die revolutionäre Bewegung ist noch in der Entwicklung. Es ist nicht mehr die gleiche Bewegung wie am 7. und 8. Oktober, als junge Leute völlig gewaltlos hier in Berlin auf die Straße gingen und durch die Polizei und die Staatssicherheitskräfte zusammengeschlagen und »zugeführt«, das heißt festgenommen wurden. Das war die Einleitung dessen, was die Partei dann »die Wende« nannte und in der Hand behalten wollte, nicht erkennend, daß sie überhaupt nicht mehr darüber zu befinden hatte, was das Volk wollte und wie es sich zu verhalten hatte. Am 4. November haben wir einen schönen und hoffentlich für die Zukunft wichtigen Moment erlebt während einer großen Demonstration hier in Berlin, zu der Künstler aufgerufen hatten. Es waren Menschenmassen auf der Straße, die sich souverän, kritisch, zugleich aber auch beinahe heiter verhielten. Obgleich vorher Angst herrschte, daß diese Demonstration uns durch Provokateure, zum Beispiel von der Staatssicherheit, aus der Hand geraten könnte. Aber die Menschen waren so entschlossen, sich das nicht zerstören zu lassen, daß die Gefahr nicht real wurde. Das war auch ein guter Moment für das Zusammengehen von Intelligenz und anderen Schichten der Bevölkerung.

Aber die Entwicklung ging weiter. Kurz darauf fingen schwerwiegende Enthüllungen über Amtsmißbrauch und persönliche Bereicherung durch viele Mitglieder der Parteispitze an. Dies und die zögernde, hinhaltende Reaktion der Zwischenparteiführung unter Egon Krenz veränderte die Bewegung, auch die Volksmassen auf den Straßen. Die Situation in Leipzig ist dafür ein guter Indikator. Viele Menschen, die in den ersten Wochen das Rückgrat der Demonstrationen waren, beteiligen sich nicht mehr daran. Nun bestimmen zum Teil andere das Bild. In den letzten Wochen ist sehr laut und aggressiv die Forderung nach Wiedervereinigung geäußert worden. Auch in Berlin. Diese Tendenz ist sehr stark, obwohl sie sich, denke ich, weiter differenzieren wird. Denn die führenden Köpfe in den neuen Parteien und Bewegungen wie dem Neuen Forum und Demokratie Jetzt relativieren die Forderungen nach Vereinigung und meinen, daß es sich nur um einen allmählichen Weg handeln kann, möglicherweise hin zu einer Form von Konföderation. Es scheint ihnen, ebenso wie mir, nicht glücklich, wenn die Entwicklungen weiterhin so schnell gehen wie jetzt und eine Vereinigung in einem Moment der wirtschaftlichen und politischen Schwäche stattfindet. Das würde eine Vereinnahmung der DDR durch die ökonomisch stärkeren Kräfte in der Bundesrepublik bedeuten. Aber aus Betrieben zum Beispiel hört man, daß auch die ökonomische Lage von vielen als so desolat angesehen wird, daß sich die Leute fragen – oder schon nicht mehr fragen –, ob sie noch ein weiteres sozialistisches Experiment wollen oder ertragen können.

STEENHUIS Seltsam erscheint mir, wie eine Konstruktion, die vierzig Jahre lang allmächtig war und die viele Menschen unterdrückt und Tausende unglücklich gemacht hat, plötzlich wie Sand zusammenfällt.

WOLF Ja, das sehen wir auch so. Die SED war das Rückgrat der Staatsmacht und der Staatsstrukturen. Wenn diese Partei zusammenbricht – das heißt in ihrer alten Form, was nicht bedeutet, daß sie »tot« sein muß –, dann brechen auch alle anderen Strukturen zusammen. Es ist, als ob das Rückgrat plötzlich verschwunden ist.

Die SED hat einen verhängnisvollen Fehler nach dem anderen gemacht. Man hat nicht erkannt, was die Ausreisewelle bedeutete, die im Sommer anfing, und als man dann in einer rigiden Weise darauf reagierte, hat das die letzten zur Verzweiflung gebracht. Um den 7. und 8. Oktober, als hier der vierzigste Jahrestag der DDR noch mit Pomp und Prunk, Paraden und Fackelzügen gefeiert wurde, wurde die Losung ausgegeben, daß alles, was sich anders artikuliere, Konterrevolution sei. Aber im Umkreis der Kirchen zum Beispiel fanden schon lange junge Leute, die nicht unbedingt Mitglieder der Kirche sind, einen Freiraum, eine Möglichkeit, um ihre Ideen, Ängste, einfach ihren Lebenswillen zu äußern, sanftmütig, mit Kerzen in den Händen, mit Musik, Predigten und Gebeten, aber eben auch in Arbeitskreisen, Diskussionsgruppen. Das wurde also als konterrevolutionär abgestempelt, und in diesem Sinn wurden auch die Polizei und die Staatssicherheitskräfte indoktriniert, so daß hier Anfang Oktober schwere Polizeieinsätze gegen Demonstranten stattfanden. Das ließen die Menschen sich nicht mehr gefallen. Die Angst hörte auf. Natürlich hatten die Leute, die von der Polizei in Garagen festgehalten und mißhandelt wurden, Angst, aber große Teile der Bevölkerung stellten sich hinter sie und sagten: So nicht. Durch diese Fehler brachte sich die Parteiführung endgültig in Gegensatz zum Volk. An der Basis der Partei herrschte die gleiche Verzweiflung und die gleiche Kritik wie anderswo. Der Zusammenbruch war unaufhaltsam. Es war lange schon klar, daß eine falsche, schädliche, längst überholte Politik mit Macht erhalten werden sollte, und seit Gorbatschow in der Sowjetunion Reformen begann, war natürlich in unserem Volk der Wunsch nach politischen Veränderungen stärker geworden.

STEENHUIS Hängt es mit dem Krieg zusammen, daß man in der DDR vierzig Jahre den Stalinismus ertragen hat?

WOLF Die beiden deutschen Staaten haben die gemeinsame faschistische Vergangenheit auf unterschiedliche Weise nicht bewältigt. Meine Generation identifizierte sich schon früh mit der entstehenden Gesellschaft, weil wir hier in den vierziger Jahren gezwungen waren, uns intensiv und radikal mit der faschistischen Vergangenheit auseinanderzusetzen, schärfer als das in der Bundesrepublik der Fall war. Das hat eine starke Bindung an diese Gesellschaft geschaffen, die je durch Antifaschisten aufgebaut wurde. Diese Bindung blieb so dauerhaft, weil wir keine Alternative sahen. Die Bundesrepublik mit Adenauer, Globke, Lübke: es erschien mir unmöglich, dort leben zu wollen. Natürlich ist die Bundesrepublik inzwischen verändert, auch meine Beziehung zu ihr und Menschen dort. Aber noch immer hatten wir die Hoffnung, daß sich hier Kräfte durchsetzen könnten, die den Kern des Traumes vom Sozialismus bewahrten und dafür Verbündete finden würden. Ich drücke mich jetzt schon sehr vorsichtig aus. Natürlich hatten wir größere Hoffnungen in den frühen Jahren. 1968, mit dem Einmarsch der Panzer in die Tschechoslowakei, wurde diese Möglichkeit vernichtet. Das haben wir als einen existentiellen Schock erlebt.

In den zwanzig Jahren danach ging es mal besser, mal schlechter, aber letzten Endes wurden die alten stalinistischen Strukturen und Denkweisen verfestigt. Zugleich haben sich unter der Decke erstaunlicherweise viele Menschen in der DDR entwickelt, die sehr gut und frei denken können.

Aber ich bin auch davon überzeugt, daß Krieg, Faschismus und die ungeklärten Probleme zwischen den Generationen in all diese politischen Bewegungen hineinspielen. Was sich nun an nationalistischen Tönen und Ausländerfeindlichkeit zeigt, das kann mich zur Verzweiflung bringen, diese Töne kennen wir ja. Und daß die immer noch und immer wieder da sind, das ist einfach grauenhaft.

STEENHUIS Warum hat es so lange gedauert, bis eine breite Demokratiebewegung zustande kam?

WOLF Das hat ganz sicher mit der faschistischen Vergangenheit und mit der Teilung Deutschlands zu tun. Vor kurzem hat ein Regisseur von uns, Frank Beyer, dessen beste Filme in den sechziger Jahren verboten wurden, formuliert, warum diese Generation, zu der er und auch ich gehören, diese Bindungen an diesen Staat hatte. Weil wir als sehr junge Menschen, aufgewachsen im Faschismus, erfüllt waren von Schuldgefühlen und denen dankbar waren, die uns da herausgeholt hatten. Das waren Antifaschisten und Kommunisten, die aus Konzentrationslagern, Zuchthäusern und aus der Emigration zurückgekehrt waren und die in der DDR mehr als in der Bundesrepublik das politische Leben prägten. Wir fühlten eine starke Hemmung, gegen Menschen Widerstand zu leisten, die in der Nazizeit im KZ gesessen hatten. Wir haben zwar intellektuellen Widerstand geleistet – das war bei mir seit Anfang der sechziger Jahre ganz klar –, aber eine massenhafte oder nur nennenswerte politische Oppositionsbewegung hat sich nicht formiert – die Leute gingen weg, oder sie wurden verhaftet und dann abgeschoben oder ausgebürgert. Die Teilung Deutschlands hat dazu beigetragen, daß kritische Köpfe hier – ich sag jetzt das neutrale Wort – abgetrieben wurden. Der Kern von Widerstand, von Protest und Kritik löste sich immer wieder auf. Erst jetzt, nachdem eine Massenbewegung entstanden ist und sich um die Kirchen oder in kleineren Gruppen junge Leute zusammengefunden haben, die unbelasteter sind von diesen Überlegungen und Schuldgefühlen – und vor allem weil es Gorbatschow gibt –, war eine große Oppositionsbewegung möglich.

Wir haben, unter unseren Freunden, immer gesagt: Wenn sich hier etwas ändern soll, dann muß es von der Sowjetunion kommen, und von daher wird es nicht kommen. Das habe ich neulich unseren sowjetischen Freunden erzählt, die auch lachen mußten, weil sie selbst nicht gedacht hätten, daß diese Veränderungen von ihnen ausgehen würden. Aber in der Sowjetunion geschieht es durch eine Revolution von oben. Lange Zeit haben hier viele gedacht, daß das hier auch passieren würde; daß sich in den höheren Parteirängen eine Gruppe von Reformern sammeln würde, die gegen den Starrsinn der alten Männer Veränderungen einleiten würde. Diese Gruppe hat sich nicht gebildet, und das ist der Grund, daß die Partei nun zusammengebrochen ist. Man hat das Widerstandspotential in den eigenen Reihen nicht genutzt. Das gab es, aber man hat verhindert, daß es in Positionen kam, aus denen heraus die Partei sich und das ganze Land hätte reformieren können. Man war zu feige, und dafür gibt es nun die Quittung.

STEENHUIS War in den letzten Jahren in der DDR eine große Spannung fühlbar? Fühlten die Menschen sich eingeschlossen?

WOLF In Kultur und Literatur waren schon bestimmte Freiheiten erkämpft worden – wobei es auch immer wieder bürokratische Eingriffe gab –, aber in der Wirtschaft oder in der Verwaltung war nicht daran zu denken. Die Bevölkerung hatte das Gefühl, eingeschlossen zu sein, obwohl in den letzten Jahren viel mehr Menschen als vorher in den Westen reisen konnten. Das hatte die Parteiführung als eine Art Ventil gedacht. Aber die Leute wollten nicht den kleinen Finger, sie wollten die ganze Hand. Dieses Hinausstürzen, nachdem die Grenzen geöffnet waren, ist ein Zeichen dafür, daß man sich wie in einem geschlossenen Topf gefühlt hatte. Viele wollten durch die Ortsveränderung das Gefühl der Befreiung auch wirklich erfahren. In den ersten Wochen hatten die Menschen das nötig. Damals herrschte auch richtige Euphorie. Das ist nun nicht mehr so, es gibt viel Depression und Krankheit. Viele Menschen sind verwirrt, unsicher, ängstlich. Sie hatten in den alten Strukturen ihren Broterwerb, ohne daß sie deshalb Diener der Macht gewesen sind, im engeren Sinn. Wenn diese Strukturen verschwinden, verschwinden oft auch ihre Arbeitsplätze. Was sollen sie tun? Die Leute zum Beispiel, die beim Ministerium für Staatssicherheit gearbeitet haben, sind nicht so wahnsinnig willkommen in anderen Betrieben. Viele brechen zusammen. Die psychiatrischen Einrichtungen sind überfüllt.

Aber eine Revolution entmachtet nun mal eine Klasse oder Schicht, und es ist unvermeidlich, daß es dabei viel Ungerechtigkeit, viele falsche Anschuldigungen, viele Verletzungen gibt auch bei Menschen, die es nicht verdient haben. Andererseits ist es immer noch bewundernswert, wie maßvoll und gewaltlos es doch im ganzen gegangen ist. Die Staatssicherheitsgebäude sind nicht gestürmt, sondern besetzt worden, das ist eine maßvolle Handlung.

STEENHUIS Auch bei uns fragt man sich: Wofür lebe ich? Um zu lieben, um Freunde zu haben, um sich lebendig zu fühlen, versteht man nach einiger Zeit. Darum ist es jetzt ganz wichtig, Freunde, Familie, Kinder zu haben. Das Alltägliche ist viel wichtiger als vor zwanzig Jahren, als man noch an Ideologien glaubte.

WOLF Bei uns gibt es viele Menschen, die sich bis zuletzt an Ideologien geklammert haben, auch zum großen Teil als Rechtfertigung für das, was sie taten. Sie stehen jetzt vor einem Vakuum. Diejenigen, die schon vorher erkannt hatten, daß das nicht das Leben sein kann, sind zwar erschüttert durch bestimmte Einzelheiten, die man erfährt. Aber sie sind nicht in ihren Grundfesten erschüttert, sondern sie versuchen, an positive Dinge anzuknüpfen. Aber es ist eine gefährliche Zeit, weil das erste, das sich anbietet, dieses Vakuum zu füllen, Haß, Rache und Gewalt sind.

Sie fragten, was die Literatur jetzt machen solle. Im Grunde muß sie diesen Prozeß weiterhin einfach so redlich wie möglich begleiten. Aber ehe dieser Prozeß in der Literatur aufgearbeitet werden kann, dauert es Jahre. Ich könnte aus den Hunderten von Briefen, die ich in den letzten Wochen bekommen habe, Stimmen herausfiltern, die dieses Land in seiner jetzigen Umbruchsphase charakterisieren. Durch solche Kollagen könnte man direkt und schnell zur Bewußtmachung dessen beitragen, was sich hier zur Zeit abspielt.

STEENHUIS Wie verbringen Sie in dieser Zeit Ihre Tage?

WOLF Ich habe mich eine Zeitlang sehr intensiv bemüht, bestimmte Probleme zu formulieren. Ich habe zum Beispiel Artikel zu dem Problem geschrieben, warum so viele der jüngeren Generation hier so leicht weggegangen sind, warum sie sich nicht mit diesem Land identifizieren konnten, nicht einmal im Widerspruch oder als Widerstand, in der Opposition. Das ist ja auch eine Art von Identifikation. Ich habe mich gefragt: Wie haben sie eigentlich ihre Kindheit und Jugend erlebt. Zu diesem Artikel habe ich an die dreihundert Zuschriften bekommen. Viele Lehrer fühlten sich angegriffen, obwohl das nicht in meiner Absicht lag. Ein Symptom für unseren seelischen Ausnahmezustand ist, daß keiner mehr liest, was wirklich geschrieben wurde; jeder liest nur den Satz und die Zeile, die ihn in Wut versetzt, und reagiert darauf. Andererseits gab es erschütternde Bekenntnisse von Lehrern: sie hätten selbst mit einer doppelten Moral gelebt und auch ihre Schüler in diesem Sinn beeinflußt. Ein Teil der Briefe zeugte von einer zunehmenden Intelligenzfeindlichkeit.

Außerdem sitze ich in einer Kommission, die sich mit den gewalttätigen Übergriffen der Sicherheitskräfte auf die Demonstranten vom 7. und 8. Oktober beschäftigt. Es kommen dauernd Menschen zu mir, die ein Anliegen haben, oder ich gehe in Versammlungen. Ich habe seit vielen Wochen nicht eine freie Minute gehabt, höchstens abends, aber dann sehen wir im Fernsehen die Nachrichten. Ich sehe keinen einzigen Film, nur Dokumentarfilme. Ich habe seit Wochen kein Buch gelesen, keine Zeile. Es ist völlig unmöglich, etwas Literarisches zu lesen; es ist zu schmerzlich und auch zu uninteressant. Ich kann mich nicht erinnern, daß das früher jemals in meinem Leben passiert ist. Wir befinden uns wirklich in einem Ausnahmezustand: alle unsere Gedanken und Gefühle werden völlig durch die gesellschaftlichen Prozesse vereinnahmt.

STEENHUIS In den meisten Ihrer Bücher ist die Hauptperson eine nachdenkende Frau. Ihre Gedanken, Erinnerungen strukturieren das Buch. Das gilt für *Nachdenken über Christa T.*, *Kindheitsmuster*, *Kassandra*, *Störfall* und Teile von *Sommerstück*. Wie kommt es, daß Sie stets zu dieser Struktur kommen?

WOLF Immer wenn ich probiere, anders zu schreiben, scheitert es. Ich habe jedes Buch mindestens zehnmal auf neue Weise begonnen. Ich bin mir dann nicht bewußt, daß ich mich vergewaltige, indem ich versuche, objektiv oder von außen zu schreiben. Wenn ich endlich das Gefühl habe, nun meinen eigenen Ton und meine eigene Form gefunden zu hben, dann ist es, wenn ich näher hinsehe, immer diese Struktur. Eigentlich müßte ich das jetzt wissen und gleich beginnen, so zu schreiben, aber es geht offenbar nicht. Ich muß erst viele Umwege machen, bevor ich wieder zu dieser Denkstruktur, das bedeutet sehr oft Erinnerungsstruktur, komme.

STEENHUIS Wissen Sie, warum Sie diese Struktur brauchen? Ich habe gelesen, daß Sie sich mit Robert Musils *Mann ohne Eigenschaften* beschäftigt haben, als Sie *Nachdenken über Christa T.* schrieben.

WOLF Nein, das ist nicht der Fall gewesen. Damals war Johannes Bobrowski ein interessanter, indirekter Gesprächspartner. Das hat mir damals bestimmte Möglichkeiten eröffnet. Ich muß zugeben, daß wir damals alle noch ziemlich provinziell waren, auch in unseren Kenntnissen der Weltliteratur. Es gibt einen Roman von Aragon, der mich damals durch seine nicht chronologische, assoziative Struktur angeregt hat. Bei *Christa T.* habe ich die zum erstenmal angewendet und gemerkt, daß ich damit eigentlich zu mir selber finde.

Warum ich diese Form gebrauche? Weil ich dabei am meisten über mich erfahren kann, denke ich. Ich komme dem näher, wenn ich assoziiere, versuche, mir Analogien bewußt zu machen, nicht chronologisch vorzugehen und mir bestimmte Fragen zu stellen – obwohl das natürlich auch schmerzhafter und anstrengender ist. Es sind meine Fragen, die das Buch strukturieren, und nicht die Ereignisse.

STEENHUIS So arbeitet doch unser Gehirn, nicht wahr? Wir tragen tausend Dinge zugleich im Kopf.

WOLF Das ist mein Ideal. Bei *Störfall* war mir das ganz bewußt. Mein Ideal war, so zu schreiben, wie das Gehirn funktioniert. Aber das Buch ist, vor allem hier in der DDR, aufgenommen worden als ein Plädoyer für oder gegen die Kernenergie. Schrecklich! Durch die Parallelität der Gehirnoperation

meines Bruders und des Kernkraftwerkunglücks in Tscherno-
byl wollte ich versuchen, Prosastrukturen zu schaffen, die der
Arbeit des Gehirns am nächsten kommen. Das ist natürlich
unmöglich, das wußte ich auch. Das war das eigentliche Problem, das mich an dem Buch interessiert hat. Das merkt natürlich niemand . . . Ja – Sie haben es gemerkt!

STEENHUIS Was mir auch in Ihren Büchern auffällt, ist der
fortwährende Übergang von alltäglichen Details in abstrakte
Probleme und umgekehrt. Es scheint, als ob alles mit allem verbunden ist.

WOLF So ist meine Entwicklung in den letzten Jahren gewesen. In der Zeit, als diese großen Ideologien für mich nicht nur
immer zweifelhafter, sondern auch unwesentlicher wurden
und keinen Anhaltspunkt mehr boten für moralische Werte
und moralisches Handeln, wurde mir der normale Alltag immer wertvoller. Das hing auch damit zusammen, daß ich seit
Mitte der siebziger Jahre einen Teil des Jahres auf dem Lande
wohne. Alltagsstrukturen wurden mir wichtig. Verschiedene
meiner Bücher zeichnen eigentlich einen Tag nach. *Störfall* ist
die Beschreibung eines Tages, und auch die Erzählung, die ich
jetzt überarbeite. Sie heißt *Was bleibt*, entstand 1979 und
beschreibt die Zeit Ende der siebziger Jahre, in der Statssicher-
heitsbeamte wochenlang bei uns vor dem Haus standen. Auch
in *Sommerstück* stecken Beschreibungen einzelner Tage, wie in
einer frühen Erzählung *Juninachmittag*.

Ich habe über viele Jahre hin tagebuchartige Aufzeichnungen, die immer den gleichen Tag im Jahr beschreiben. Dieses
normale, alltägliche Leben strukturiert offenbar mein Leben
und mein Schreiben. Das hängt mit meiner Familie, mit Kindern, mit Enkelkindern zusammen. Mir ist wichtig, was an so
einem Tag passiert. Ich versuche, mir zu merken, was Menschen sagen, was in der Zeitung steht, wie die Gefühle sich verändern. Die Empfindungen, die man morgens hat, sind anders
als die, mit denen man abends vor dem Fernseher sitzt. Das ist
gerade jetzt alles wieder sehr aufregend. Eine Konstante in

meiner Arbeit ist, diese alltäglichen Dinge wichtig zu nehmen. Mein Ideal ist ein Gewebe, ein Netzwerk von Denken und Handeln.

STEENHUIS Ihre Arbeit ist auch sinnliche Wahrnehmung.

WOLF Ich habe mich mit Mühe aus den Verstrickungen in Theorien losmachen können, in die ich in den fünfziger Jahren verwickelt war. Das Germanistikstudium würde ich einerseits nicht missen wollen, andererseits hat es mich als Schriftstellerin wahrscheinlich Jahre gekostet. Es hat lange gedauert, bis ich mich befreit hatte von den ideologischen Konzepten, die damals das Literaturstudium beeinflußten; bis ich merkte, daß ich mich wohler fühle, wenn ich meine Sinne gebrauche. Ich sehe, höre, rieche, schmecke, fühle, nehme auf, wie Menschen sich bewegen und wie ich mich selbst bewege. Damit fängt es ja immer an, daß man den eigenen Körper erfährt. Man fühlt die Verspannung in den Muskeln, die dadurch zwar nicht weggeht, aber man macht sich bewußt, woher sie kommt und womit sie zusammenhängt.

In den siebziger Jahren, als ich keine Möglichkeit mehr sah, mich hier politisch zu betätigen, habe ich versucht, in der Geschichte zu finden, wie sich deutsche Intellektuelle in solchen ausweglosen Zeiten verhalten haben. Daraus sind *Kein Ort. Nirgends* und einige Essays entstanden. Die Beschäftigung mit Büchner hat mir damals über die schlimmsten Jahre hinweggeholfen.

STEENHUIS Sie schreiben auf eine sehr menschliche, sensible Art, mit Respekt vor den wichtigen Dingen des Lebens. Ich denke, daß man Ihre Bücher darum überall liest.

WOLF Ich war erstaunt, daß meine Bücher von einem gewissen Zeitpunkt an auch im Westen in ziemlich hohen Auflagen erschienen und in viele Sprachen übersetzt wurden. So unterschiedlich sind unsere Erfahrungen vielleicht nicht. Jetzt wird natürlich eine Zeit kommen, in der viele behaupten werden, daß sie vierzig Jahre umsonst hier gelebt haben. Ich würde das nicht sagen. Ich habe hier sehr intensiv mit einem großen Schatz von Erfahrungen gelebt, den ich nicht missen möchte.

Diese Erfahrungen kann man verallgemeinern, denn in allen Industriegesellschaften werden menschliche Möglichkeiten einfach dadurch beschnitten, daß Effizienz und Effektivität die Hauptwerte sind. In der DDR sind Effektivität und Effizienz sehr niedrig gewesen, aber das war ungewollt; es wurde durch die Strukturen verhindert, daß man effektiver arbeiten konnte. Aber daß diese Werte im Zentrum der Industriegesellschaften stehen, daß die Dritte Welt ausgebeutet und die eigenen Leute deformiert werden, das kann man nicht bestreiten.

Wenn ich solche Vorgänge und meine eigenen Erfahrungen damit schildere, dann erkennen sich offenbar auch Menschen in anderen Gesellschaften darin wieder. Deshalb sollten wir, auch bei einer Konföderation mit dem anderen deutschen Staat, eine bestimmte Eigenständigkeit nicht so schnell aufgeben. Hier blieben bestimmte ideelle Werte erhalten, die unter den herrschenden Machtstrukturen nicht in Erscheinung treten konnten, aber in kleineren intellektuellen Zirkeln, auch in den Kirchen, in Universitäten als Wunsch, als Vision, als Traum existierten. Von diesen Vorstellungen wollen die Menschen jetzt nichts hören; es ist verständlich, daß sie nun materielle Werte anstreben. Sie haben ein Recht darauf. Nur, ich glaube, es wird wieder eine Zeit kommen, in der man sich fragt, was man eigentlich dem hemmungslosen Effizienz- und Konkurrenzdenken entgegensetzen kann. Für diese Zeit müssen wir ein ganz kleines Fünkchen bewahren.

STEENHUIS Wir haben schon ein bißchen über Ideologien gesprochen. Was bleibt übrig vom Marxismus?

WOLF Ich denke immer noch, daß der Marxismus, Teile des Marxismus kein untaugliches Instrument sind, zum Beispiel zur Analyse der kapitalistischen Gesellschaft. Natürlich wird das jetzt erst mal alles von vielen weggeworfen. Ich könnte mir denken, daß nach ein paar Jahren – als Gegenreaktion – die Linke vielleicht wieder an marxistischen Theorien anknüpfen kann. Ich weiß nicht, ob es wieder ein Bedürfnis nach Analysen dessen, was heute in der Welt geschieht, geben wird. Auf die Dauer kommt man mit der Maxime »einfach leben« nicht aus. Dafür sind die Strukturen zu kompliziert und zu umfassend, die jetzt die Welt beherrschen. Die Steinzeitmenschen konnten das, einfach leben, wir können es nicht.

STEENHUIS Und denken Sie auch an einen Wert wie Solidarität?

WOLF Ja, selbstverständlich, Solidarität ist ein Hauptwert, der durch den Druck, unter dem alle standen, die sich freier bewegen wollten, vorhanden war. Dieser Druck hat einerseits natürlich desolidarisierend und polarisierend gewirkt. Auch die Mitglieder des Schriftstellerverbandes zum Beispiel waren polarisiert, in solche, die das Geschäft der Macht betrieben, weil sie auch aus ökonomischer Schwäche auf den Verband angewiesen waren, der ihnen ökonomische Sicherheit gab, und in eine kleinere Gruppe, die dem widerstanden. Diese Polarisierung gab es in allen Betrieben, zumindest in allen Kulturinstitutionen. Aber die Leute, die an dem Pol der Nichtmacht standen, waren untereinander ziemlich solidarisch.

Jetzt werden sich neue Solidargemeinschaften und neue Machtgemeinschaften bilden, weil ein neuer Wettbewerb beginnt. Die neuen Parteien und Gruppen müssen sich profilieren und sich von den anderen abstoßen. Es wird bei uns viel kälter und härter werden, und es kann sein, daß das manche Menschen nach einiger Zeit als etwas Ungutes empfinden; aber es ist unvermeidlich. Was sich von der Solidarität bewahren läßt, kann man jetzt noch nicht sagen. Vielleicht zieht sich dieses Fünkchen wieder einmal auf die Literatur zurück. Aber ich hoffe, daß man es auch als politisch handelnder Mensch in die Gesellschaft einbringen kann, was man ja sehr lange nicht konnte.

STEENHUIS Ich denke, man sollte mit der ganzen Welt solidarisch sein.

WOLF Ja, schön wärs. Menschen wie ich, und das waren gar nicht so wenige, hatten die Möglichkeit, andere Länder kennenzulernen und dort manchmal längere Zeit zu leben. Fördernde oder deformierende Strukturen gibt es überall. Diese Erfahrung hat meine Bindung an dieses Land nicht gelockert, aber ich kann es nicht mehr als das einzig Wichtige auf der Welt sehen. Im Moment bin ich sehr, sehr davon besetzt, aber ich würde mir sehr wünschen, daß wir in einer absehbaren Zeit wieder so viel Abstand von uns gewinnen, daß wir merken: wir sind ein Teil von Europa und dieses Europa ist ein kleines Stückchen in der Welt, die ganz andere Probleme hat.

STEENHUIS Die Ökonomie ist ganz international. Die Kultur ist es, denke ich, auch. Wir müssen jetzt auch international denken.

WOLF Die Literatur muß möglichst genau die nationalen und regionalen Probleme formulieren, nicht irgend etwas verschwommen Internationales, was man nicht kennt und was es als Realität nicht gibt. Ich kann schreiben über ein Dorf in Mecklenburg oder über ein Haus in Berlin oder über die Menschen, die jetzt hin und her gehen über die Grenze. Wenn das genügend »weit« gesehen ist, dann könnte das international wirken oder die Leser auch in anderen Ländern interessieren. Bei Musik und Malerei ist es sicher anders. Literatur hat mit Sprache zu tun, und die Sprache ist nun mal an Nationalitäten und Regionen gebunden. Für die Literatur gilt bei allem, was sich über die Jahrhunderte verändert hat, daß ich nur meine Erfahrung formulieren kann, und meine Erfahrung ist das Leben in ganz konkreten Umständen, die ich so genau wie nur irgend möglich aufschreiben muß.

STEENHUIS Das Besondere an Ihrem Stil ist die Verbindung von Assoziation und Analyse. Ist es nicht schwierig, diese beiden Ausdrucksformen zu kombinieren? Die Schriftstellerin Nathalie Sarraute zum Beispiel weigert sich zu analysieren. Sie sagt, daß dann anstelle eines Reichtums an Wörtern eine Reduktion stattfindet.

WOLF Ich glaube, daß es im Grunde darum geht, denkend zu fühlen und fühlend zu denken. Denken und Fühlen sind nicht getrennt voneinander; jeder Gedanke ist durchtränkt von den

Gefühlen, in denen ich gerade lebe. Wenn ich depressiv bin, denke ich anders, komme zu anderen Schlußfolgerungen, als wenn ich in einer euphorischen Stimmung bin.

STEENHUIS Aber denken und analysieren, das ist doch etwas anderes?

WOLF Ja, man denkt andauernd, analysiert jedoch nicht ständig. Mir geht es so: Wie jeder Mensch bin ich manchmal in diffusen Stimmungen, die mich quälen. Ich bin dann froh, wenn ich, fast kann ich sagen: eine Formel dafür gefunden habe, mit der ich bestimmte Stimmungen erkennen und benennen kann. Das abstrakte Formulieren ist wichtig für mich.

Wenn ich zum Beispiel beim Schreiben blockiert bin, dann liegt es eigentlich immer daran – obwohl das auch etwas ist, was ich erst hinterher bemerke –, daß ich mich scheue vor bestimmten Erkenntnissen über mich selbst. Und immer, wenn ich mich traue, diese Hemmung zu überwinden und solch eine Einsicht auszudrücken, dann schreibt es sich leichter. Heinrich Böll hat mal zu mir gesagt: Manchmal schreibt man ein ganzes Buch, um einen einzigen Satz darin zu verstecken. Nehmen wir einmal den einen einzigen Satz als Metapher, dann heißt das, daß ich schreibe, um ein bestimmtes Wissen über mich darin unterzubringen. Aber wenn ich davor zurückschrecke oder ausweichen will, dann kann ich nicht schreiben. Dann kann ich alles wegwerfen.

STEENHUIS Können Sie ein Beispiel geben von einer solchen Blockierung?

WOLF Bei *Kindheitsmuster* war das ganz deutlich. Ich brauchte ein, fast zwei Jahre, um die ersten Seiten zu schreiben. Ich habe sechsunddreißigmal von vorn angefangen, manchmal hatte ich zehn, manchmal fünfzig Seiten geschrieben. Es dauerte so lange, bis ich diesem Kind, also »mir selbst«, so nahe gekommen war, daß ich diesen bestimmten Ton, diese bestimmte Schreibart gefunden hatte. Natürlich bekam ich innerhalb des Buches auch noch viele Barrieren und Blockierungen. Aber am Anfang ist es fast immer so.

STEENHUIS Sie können doch auch froh sein über eine solche Blockierung.

WOLF Warum?

STEENHUIS Sie wissen dann, daß es jetzt Ernst ist und daß Sie weiterkommen.

WOLF Aber wenn man drinsteckt, dann ist man nur noch verzweifelt, denn man erinnert sich nicht: Jetzt wird etwas Wichtiges daraus entstehen. Man kann nicht damit rechnen, daß man auch dieses Mal darüber hinwegkommt. Man ist jedesmal wieder neu blockiert, es ist vollständig unmöglich zu schreiben. Aber wenn das nicht so ist, wenn man nicht mit aller Verzweiflung und allen Träumen in der Blockierung steckt, dann nützt sie ja nichts. Man darf keinen Ausweg ahnen – und man ahnt ihn auch nicht. Man denkt, nun wirst du niemals mehr eine Zeile schreiben. Es können Jahre dahingehen, ehe ich merke, was ich wirklich meine. Mein Mann weiß es meistens viel früher. Aber das nützt mir nichts.

STEENHUIS Er sagt nichts?

WOLF Meistens ist es so, daß er zwar brummt, aber sich zurückhält. Es ist für ihn auch nicht angenehm, wenn ich in so einer verzweifelten Phase bin. Er weiß genau, daß sie vorbeigeht. Aber ich weiß es nicht. Er versucht, mir das zu vermitteln, aber ich kann das nur als Zumutung empfinden. Dieses Verhalten hat sich allmählich so eingespielt, daß er auch lange Zeit nicht direkt sagt, was er meint.

STEENHUIS *Sommerstück* handelt von einer solchen Blockierung, nicht wahr? Die Hauptperson, Ellen, hat einen schwierigen Winter hinter sich. In einem Dorf in Mecklenburg verliert sie langsam ihre Erstarrung, und ihre Kreativität kehrt zurück. Man kann das Buch auch als eine Idylle mit drohenden Untertönen lesen. Ich habe gehört, daß Sie lange an dem Buch gearbeitet haben und daß es erst später seine definitive Form erhalten hat.

WOLF Was in *Sommerstück* beschrieben ist, habe ich in den Jahren nach 1975 erlebt. Es war eine neue Erfahrung, dieses

Leben auf dem Lande, der Freundeskreis um uns herum. Eine Erfahrung, die viele Menschen in dieser Zeit machten; es war deutlich geworden, daß die politische Macht keine kritische Mitarbeit dulden würde. Das war unleugbar spätestens nach der Ausbürgerung von Wolf Biermann und den Reaktionen auf unseren Protest, dem sich viele angeschlossen hatten, von denen viele viel härter bestraft und ausgegrenzt wurden als wir. Die Frage war, ob man in der DDR bleiben kann. Ich war lange unentschlossen. Wir haben lange die Möglichkeit wegzugehen erwogen. Ehrlich gesagt, wir wußten nicht, wohin. Wir sahen in keinem anderen Land eine Alternative. Dazu kam: Ich bin eigentlich nur an diesem Land brennend interessiert gewesen. Die scharfe Reibung, die zu produktiven Funken führt, fühlte ich nur hier mit aller Verzweiflung, dem Kaltgestelltsein, den Selbstzweifeln, die das Leben hier mit sich bringt. Das war mein Schreibgrund.

Es gab auch andere, persönliche Gründe zu bleiben: Ich wäre nie weggegangen ohne meine Töchter, aber die hatten hier ihre Familien, ihre Lebensbereiche. Ich hatte auch noch meinen sehr alten Vater, der dieses Jahr gestorben ist. Es wäre sein Tod gewesen, wenn ich weggegangen wäre. Eine große Rolle spielte auch, daß viele Menschen mir schrieben oder sagten, daß ich hier gebraucht würde. Es war mir klar, daß ich mich in schwierige, moralisch anfechtbare Situationen begeben mußte. Das ist mir sehr schwergefallen.

Man kann wahrscheinlich aus meinen Büchern lesen, wie sich meine innere Befreiung vollzogen hat. Ich weiß noch genau den Zeitpunkt und den Ort, an dem mir deutlich wurde, daß ich aus der DDR weggehen müßte, wenn es mir nicht gelingen würde, mich innerlich völlig frei zu machen von allen Abhängigkeiten, die mein Fühlen und Denken und Schreiben beschränkten. Ich wußte auch, daß ich das nicht von heute auf morgen schaffen würde und daß es wohl meine Aufgabe war, diesen Prozeß zu beschreiben: etwas auszudrücken, was ich nicht hätte beschreiben können, wenn ich von einem Tag auf den anderen hier weggegangen wäre. Es hat sich dann so entwickelt, daß ich zwar noch eine Bindung, aber keine Abhängigkeit mehr spüre. Dadurch ist die Situation, in der sich unser Land nun befindet, für mich nicht so katastrophal wie für andere. Den Schmerz habe ich viel früher erlebt. Den wirklichen Schmerz habe ich 1968 empfunden, beim Einmarsch der Truppen des Warschauer Paktes in die ČSSR; und dann noch einmal 1976, als ich merkte, daß ich immer noch Hoffnung gehabt hatte, die dann zerstört wurde. Ein scharfer Schmerz über Monate hin.

In *Sommerstück* habe ich mehrere Sommer zusammengezogen. In der gleichen Zeit habe ich *Kein Ort. Nirgends* und *Kassandra* geschrieben. Im Hintergrund spielten sich die Freundschaften und das Zusammensein ab, die ich später in *Sommerstück* beschrieben habe. In diesen Gruppen haben damals viele Menschen in der DDR ihre Integrität bewahrt und sich freigedacht. Das Buch ist für viele ein Stück Beschreibung ihres eigenen Lebens, wie ich jetzt weiß. Ich glaube auch, daß es sogar eine Vorankündigung der späteren Ereignisse ist, denn es schildert, warum es so nicht weitergehen konnte.

Ich zögerte sehr, es zu veröffentlichen, weil es mein persönlichstes Buch ist. Ich hatte auch Hemmungen gegenüber meinen Freunden, obwohl ich sie alle in dem Buch verändert und viel dazuerfunden habe. Es ist keine Person so, wie sie sich wahrscheinlich selber sieht oder wie andere sie sehen. Ich fragte mich, ob die Erzählung als Idylle mißverstanden werden könnte, als eine Beschreibung von Leichtigkeit und Schönheit, während das Leben hier keine Idylle war. Man hat mich überreden müssen, das Buch zu publizieren. Bei jedem Buch wird es schwerer.

STEENHUIS Die Form ist ungewöhnlich. Sie erzählen von sich selbst aus Ihrer inneren Warte heraus und gleichzeitig in der dritten Person, ebenso von Ihren Freunden. Die Vermischung von Fiktion und Wirklichkeit ist kompliziert.

WOLF Das stimmt. Auf dieses Stilmittel, Menschen von innen her sprechen zu lassen, bin ich erst später verfallen, weil ich ihnen besser gerecht werden wollte. Ich wollte sie nicht von außen beurteilen, sondern ihnen die Möglichkeit geben, sich selbst zu erklären.

STEENHUIS Aber wenn man jemanden von außen beschreibt, schildert man nur, was man sieht. Wenn man behauptet, Freunde auch aus ihrem Innern heraus darstellen zu können, ist das nicht etwas arrogant? Haben Sie darüber mit ihnen gesprochen?

WOLF Ja, natürlich; sie haben sehr verschieden darauf reagiert, einige tolerant, andere konnten es nicht akzeptieren. Aber die innere Beschreibung wird ja andauernd gespiegelt und gebrochen durch den Blick der andern. In dem Buch steht der Satz, daß wir dieser Zeit nur gerecht werden würden, wenn jeder seine Beschreibung davon geben könnte. Das trifft auf Sarah Kirsch zu, die über den gleichen Sommer in *Allerlei-Rauh* und *Rückenwind* geschrieben hat. Als ihr Buch erschien, war mein Manuskript schon fertig. Sie wußte, daß ich daran arbeite, aber wir kannten die Texte gegenseitig nicht. Ich glaube, daß das Interesse, wer hinter den einzelnen Personen steht, inzwischen schon weitgehend verblaßt ist, und daß das literarische Interesse hervortritt. Übrigens gestehe ich mir das Recht, über andere zu schreiben, nur zu, wenn ich am schonungslosesten mit mir selbst umgehe.

Das Merkwürdige ist, daß auch Freunde in Italien sagten, daß sie diese Zeit ähnlich erlebt haben. Es scheint, als ob die Länder in Europa kommunizierende Röhren sind, daß wir seit dem Krieg, aber wahrscheinlich schon länger, ähnliche Erfahrungen machen. Dem »Haus Europa« arbeitet die Literatur vielleicht ein bißchen vor.

STEENHUIS Wie kamen Sie dazu, *Kassandra* zu schreiben? Nachdem Sie sich mit der deutschen Kriegsvergangenheit in *Nachdenken über Christa T.* und *Kindheitsmuster* beschäftigt hatten und nach Ihrer Arbeit über die deutsche Romantik mit *Kein Ort. Nirgends*, haben Sie sich in die altgriechische Geschichte vertieft.

WOLF Das hing mit den Zeitumständen zusammen. Wir hatten Angst vor einem Atomkrieg, vor der Vernichtung unserer Zivilisation. Ich fragte mich: Wo liegen die Wurzeln dieser zerstörerischen Kräfte unserer Zivilisation, die zur Selbstvernichtung führen? Ich ging immer weiter zurück in der Geschichte. Die sinnliche Erfahrung der griechischen Landschaft, als ich die alten Stätten sah, war entscheidend. Da hatte ich den Ort, an dem ich die Erzählung festmachen konnte. Ich suchte nach einer Metapher, dafür, wie eine Frau sich in einer solchen zerstörerischen Gesellschaft verhalten konnte. Kassandra und Troja waren das Modell dafür.

STEENHUIS Die englische Friedens- und Konfliktforscherin Mary Kaldor hat jüngst ein Buch geschrieben über den kalten Krieg, *The Imaginative War*. Es war ein Spiel, ein imaginäres, gefährliches Spiel. Auch die schwedische Forscherin Alva Myrdal schrieb, daß die zwei Großmächte, die Vereinigten Staaten und die Sowjetunion, einander nötig hatten. Das Spiel der Kriegsdrohung war für den einen nötig, um die kapitalistische Wirtschaft auszudehnen, für den andern, um sein Imperium zusammenzuhalten. Diese Drohung hat Millionen Menschen diszipliniert und unterdrückt. Aber es ging um eine Fiktion. Auch in Ihrem Buch ist der Anlaß zum Troianischen Krieg, der Raub der Helena, eine Fiktion. Helena befindet sich noch nicht einmal in Troia.

WOLF Wissen Sie, die große Gefahr ist noch immer, daß die Führer des Patriarchats Mechanismen nötig haben, mit denen sie ihre eigene innere Spaltung, ihre Unfähigkeit, zu fühlen und zu lieben, nach außen projizieren müssen. Viele Männer können nur Gefühle haben, wenn sie destruktiv sind. Es ist eine furchtbare Erkenntnis, die stets verdrängt wird, auch durch mich. Ich muß mir immer wieder klarmachen – auch bei den heutigen Entwicklungen –, wie fundamental zerstörerisch unsere Zivilisation ist und daß es wahnsinnig schwer ist, aber eben doch geschehen muß, diese Destruktivität zu mindern.

STEENHUIS Entsteht die Destruktivität, wenn Menschen es nicht wagen, sie selbst zu sein?

WOLF Wo fing das an, daß Männer Helden sein mußten? Es ist natürlich ein Unglück, ein Mann zu sein. Jedenfalls war es das bis vor kurzem. Heute gibt es schon andere Identifikationsmöglichkeiten für junge Männer, und manche ergreifen sie auch. Aber bisher mußten Männer sich über irgendeine Form von Heldentum definieren, sei es als Wirtschaftsboss, als Politiker, als Künstler, als starker Arbeiter. Das hieß, man mußte einen Teil von sich selbst unterdrücken. Das verzeiht ein Mensch sich nicht. Sie versuchten, andre sich gleichzumachen, um selbst leben zu können. Bis vor kurzem war es ein Unglück, Mann zu sein. Es wäre eine sanfte Revolution, wenn man Männern ermöglichen würde, aus sanften Gefühlen Sicherheit zu schöpfen. Wenig wahrscheinlich, daß man das jetzt vermitteln kann.

STEENHUIS Sie finden, daß es Frauen eher wagen, sie selbst zu sein?

WOLF Ja, sie haben offenbar das schärfere Bedürfnis danach. Und sie werden wohl auch schneller krank oder unglücklich, wenn sie es nicht können. Männer müssen als kleine Jungen die Technik der Panzerung erlernen, viele können länger die Fassade aufrechterhalten. Die Frauen wurden noch nicht so lange in die gesellschaftlichen Mechanismen gezwungen. Das wird aber kommen. Die Frau als Politikerin muß in diesen Strukturen die gleichen Mechanismen entwickeln, um sich zu behaupten. Es sei denn, sie hat um sich eine Gruppe von Frauen, die sie stützt und ihr erlaubt, doch noch sie selbst zu sein. Deshalb ist es für mich ein totaler Irrweg: Frauen an die Macht; Frauen in die gleichen Berufe, in die gleichen Funktionen, wenn es die gleichen Funktionen und Strukturen sind. Dann passiert den Frauen natürlich das gleiche wie den Männern.

STEENHUIS Führen Sie ein Tagebuch?

WOLF Merkwürdigerweise in diesen Wochen nicht. Sonst ja.

STEENHUIS Wie ist der Zusammenhang zwischen Tagebuch-schreiben und Ihrer literarischen Arbeit?

WOLF Tagebuchschreiben ist Vorbereitung auf die literari-sche Arbeit, Selbstauseinandersetzung, um zum Beispiel Blok-kierungen aufzulösen. Oft formuliere ich ungewollt etwas im Tagebuch, das mir beim fiktiven Schreiben hilft. Natürlich ist das Tagebuch auch ein Speicher von Einzelheiten und Erinne-rungen. Die Tagebücher sind vor allem wichtig, weil ich ihnen immer wieder meine Befindlichkeit in bestimmten Jahren ent-nehmen kann. Ich kann mich nicht zu sehr täuschen über das, was ich früher gedacht und gefühlt habe, weil es dort fixiert ist.

STEENHUIS Ist es nicht gleichzeitig schwierig, allerlei Stim-mungen im Tagebuch festgelegt zu haben? Bleiben Sie nicht an den Formulierungen hängen?

WOLF Das Komische bei mir ist, daß ich alles vergesse.

STEENHUIS Sie lesen es nicht noch mal nach?

WOLF Nein, ich vergesse absolut, was ich einmal formuliert habe. Im vorigen Jahr habe ich alles, was ich für einen be-stimmten Stoff über Jahre hinweg notiert hatte, durchgelesen, und ich fand denselben Satz mindestens fünfmal mit genau den gleichen Worten formuliert. Das hat mich doch ein biß-chen schockiert. Aber es zeigt auch, worum es mir offenbar über Jahre hin gegangen ist. Ich vergesse auch, was ich in mei-nen Büchern geschrieben habe. Oft treffe ich Menschen, die meine Bücher besser kennen als ich. Es ist seltsam, vielleicht ist es auch ein Segen. Ich vergesse auch Kritiken.

STEENHUIS Es gibt mehr Freiheit.

WOLF Die Unbefangenheit füllt sich immer wieder auf. Man braucht sie, um schreiben zu können.

STEENHUIS Sie haben jung Kinder bekommen. Wie hat das Ihr Schreiben beeinflußt?

WOLF Ich kann das nicht gut beantworten, weil ich mir ein Leben ohne Kinder nicht vorstellen kann. Sie waren einfach immer da. Als sie noch klein waren, war der sinnliche Einfluß stark. Ich erlebe viel durch Riechen und Tasten. Ich merke es nun auch bei meinen Enkeln wieder, wieviel unerwartete Situationen sie produzieren, wie lebendig man dadurch bleibt. Ich habe vielleicht durch niemanden so viel gelernt wie durch meine zwei Töchter, auch später, weil sie dann die andere Generation waren und mich zum Nachdenken über mich brachten und bringen. Kinder sind für mich ein Ferment, ein Fundament meines Lebens. Ich habe niemals Simone de Beauvoir verstanden und ihre totale Ablehnung von Kindern, weil sie angeblich die Entwicklung der Intelligenz stören.

STEENHUIS Viele Schriftstellerinnen sind kinderlos; die Kombination ist schwierig.

WOLF Ja, schwierig ist es, das weiß ich auch von Kolleginnen. Ich glaube nicht, daß das ein Problem nur von Schriftstellerinnen ist: Die Frauen meiner Generation sind ganz bestimmt ihren Kindern viel schuldig geblieben, und es ist schwer, mit dieser Erkenntnis zu leben. Aber auch den etwas Jüngeren wird jetzt von ihren Kindern die Rechnung aufgemacht. Ich habe immer bis an die Grenzen meiner Kräfte gearbeitet und gelebt, mehr hätte ich nicht leisten können. Aber vielleicht hätte ich anderes tun müssen, mehr mit meinen Kindern zusammenleben müssen, so wie meine Töchter es heute mit ihren Kindern tun. Diese menschlichen Beziehungen wurden bei uns in den fünfziger und sechziger Jahren oft der Politik und der Arbeit untergeordnet. Das rächt sich jetzt. Was ich mir sagen kann, ist, daß ich meine Kinder nicht daran gehindert habe, so zu werden, wie sie jetzt sind. Aber die Kinder der Eltern, die damals keine wirklichen Beziehungen zu ihnen aufbauen konnten, sind nun die jungen Leute, die weggehen.

STEENHUIS Sie sind schon vierzig Jahre mit Ihrem Mann zusammen?

WOLF Moment mal, sind es wirklich vierzig Jahre? Ja doch, es stimmt. Wir haben uns 1949 kennengelernt. Sie fragen, wie das noch immer geht?

STEENHUIS Ich glaube, daß so eine dauernde Beziehung eine große Sicherheit gibt, um schreiben zu können.

WOLF Ja, das ist so.

STEENHUIS Sie schreiben nicht über Sexualität.

WOLF Stimmt nicht ganz. Aber es stimmt im wesentlichen. Ich habe nicht das Bedürfnis. Ich denke darüber ebenso wie Ingeborg Bachmann, die gesagt hat, das wäre eine Sache zwischen zwei Menschen. Das kann man natürlich nicht als eine literarische Begründung nehmen. Mein Mann und ich waren immer verstrickt in Auseinandersetzungen, Kritik, Aktionen, unsere jungen Jahre waren davon besetzt, und das drängte bei mir zum Ausdruck. Das andere, Liebe, Sexualität, war immer da, als selbstverständlicher Hintergrund. Sexualität zu beschreiben, hatte ich nie das Bedürfnis. Ich habe auch eine Scheu, zu dicht an mein Intimleben heranzugehen.

STEENHUIS Wir haben vorhin über die Bedeutung des Sinnlichen und Körperlichen gesprochen. Wilhelm Reich sagt, daß Menschen mit einer befriedigenden Sexualität weniger die Neigung haben, andere zu unterdrücken. Wenn Menschen sich wohl fühlen, autonom sind und mit all ihren Sinnen leben ...

WOLF Dann brauchen sie nicht mehr zu schreiben. Schreiben entsteht aus Spannung, und bei uns standen die gesellschaftlichen Spannungen im Vordergrund. Unser Zusammenleben war spannungsreich, hat aber nie auf dem Spiel gestanden, war niemals gefährdet, merkwürdigerweise. Ich weiß nicht, was Gerd sagen würde, aber ich weiß, daß er für mich der notwendige Partner war, vor allem, weil er mich so gut kennt. Weil ich mit ihm eine Auseinandersetzung führen kann über das, was ich schreibe, mit der Sicherheit, daß er mich nicht zerstören will. Wenn man ein Buch publiziert, kommen immer zerstörerische Angriffe, und die sind schwer zu ertragen. Aber wenn man zuvor einen Gedankenaustausch hatte – der oft sehr kritisch ist –, bei dem man weiß: Hier ist jemand, der will, daß du dich so vollständig wie möglich ausdrückst, das ist ein großes Glück. Außerdem, unser Alltagsleben ist nie langweilig, es ist ein dauerndes, endloses Gespräch. Und dann sind da die Kinder. Ich glaube, daß ich ohne diese nahen Menschen heute nicht mehr am Leben wäre. Es gab da kritische Zeiten ...

STEENHUIS Sowohl in *Kindheitsmuster* als auch in *Störfall* haben Sie über Ihren Bruder geschrieben. Der Bruder ist häufig ein literarisches Thema bei Frauen, zum Beispiel bei Marguerite Duras. Ist der Bruder eine Möglichkeit, um intensiv über Männer nachzudenken? Der Geliebte, der Vater, der Bruder und der Sohn sind die wichtigsten Bindungen einer Frau mit Männern. Aber Söhne haben Sie nicht.

WOLF Ich habe nun zwei Enkelsöhne, an denen ich viel lerne über Männer, über kleine Männer! Ich muß oft über sie lachen. Ursprünglich habe ich nicht mit der Absicht über meinen Bruder geschrieben, um so etwas über »Männer« sagen zu können. Ich nahm das Thema aus meiner Erfahrungswelt. Später schien es eine Möglichkeit, über einen Mann zu schreiben, der mir nahesteht, aber auch sehr verschieden von mir ist. Ich führe eine dauernde Auseinandersetzung mit ihm. Trotz aller, auch politischer Meinungsverschiedenheiten bleibt zwischen uns eine enge Bindung und Zuneigung. Ich bin froh, über jemanden schreiben zu können, der sehr anders ist, der mich in Frage stellt und mich auch mal mit Aggressivität erfüllt, aber der mir nicht fremd ist. Ich habe nie über jemanden schreiben können, den ich hasse.

STEENHUIS Glauben Sie, daß Schriftstellerinnen etwas Besonderes in die Literatur gebracht haben?

WOLF Eine Frage, die immer wieder schwer zu beantworten ist. Ich denke, daß Frauen mehr von sich selbst preisgeben. Es kommt mir so vor, daß auch die Literatur unseres Jahrhunderts befallen ist von dem, was Ingeborg Bachmann »Krankheit« nennt, die Krankheit der Männer. Man kann es auch einen Fluch nennen, ein Verhängnis, an dem sie nicht schuld sind, daß viele Männer sich so schwer zu ihren Gefühlen bekennen können. Es erscheint vereinfacht, wenn ich das jetzt als den Unterschied zwischen »männlicher« und »weiblicher«

Literatur bezeichne. Wobei ich, in Klammern gesagt, die Gefühlsergüsse von Frauen oft entsetzlich finde, diese reinen, unreflektierten und ungeformten Ausbrüche. Aber vielleicht wurde dadurch doch etwas bewahrt, ein Vertrauen in die Subjektivität, das vielleicht allen, auch den männlichen Autoren, nützt und hilft, sie ermutigt.

Angeblich ist die Emanzipation der Frauen in der DDR weit entwickelt, in Wirklichkeit läßt sie zu wünschen übrig. Vor einigen Tagen hat die erste Versammlung eines autonomen Frauenverbandes stattgefunden. Es soll die schönste Versammlung der letzten Wochen gewesen sein, sehr heiter, gelassen, konstruktiv, konzentriert, ergebnisreich. Keine der Frauen hatte das Bedürfnis, sich zu profilieren. Sie wollten nicht sich selbst darstellen – was man bei Männern so oft erlebt –, sondern das Problem, das sie bewegte. Vielleicht geht von dieser Stimmung etwas Wohltätiges aus.

Wir kommen jetzt vom Schreiben wieder auf diese gesellschaftlichen Strukturen, aber das beeinflußt sich ja gegenseitig. Es wird für uns, die Schriftstellerinnen, eine Hilfe sein, wenn wir erleben, wie Frauen wirklich Autonomie erwerben. Und vielleicht können wir auch dabei helfen.

*11. Dezember 1989*

# Zwischenrede

*Rede zu Verleihung der Ehrendoktorwürde*
*der Universität Hildesheim*

Sie werden mir glauben, daß mir der Sinn jetzt nicht nach Ehrungen steht. Als Ihre wohltuende, insistierende Freundlichkeit mich vor einem dreiviertel Jahr bewog, Ihr Angebot eines Ehrendoktorats anzunehmen, lebte ich, lebten alle Einwohner meines Landes in einer anderen Epoche. Die ungeheure Wucht unserer Erfahrungen in den letzten vier Monaten droht uns nun zu trennen von wie immer wohlmeinenden Betrachtern außerhalb unserer Grenzen, auch im anderen deutschen Staat. In Voraussagen bin ich vorsichtig geworden. Aber es könnte sein, daß dieser Prozeß einer Entfremdung sich unter der Oberfläche massenhafter, äußerer, äußerlicher Annäherung, ja Verbrüderung wider allen Augenschein sogar noch ausbreitet; dann nämlich, wenn im Zuge des als »Vereinigung«, gar »Wiedervereinigung« beschriebenen schnellen Anschlusses der Deutschen Demokratischen Republik an die Bundesrepublik Deutschland die Geschichte des einen, dann nicht mehr existierenden Nachkriegsstaates auf deutschem Boden aus hingebungsvollem Anpassungsstreben auf der einen, aus Überlegenheits- und Siegesgefühl auf der anderen Seite öffentlich beschwiegen und in die Menschen zurückgedrängt würde, die sie gemacht, erlebt und erlitten haben. Käme es jetzt aber nicht auf gegenseitiges Eingeweihtsein an – nicht nur in Politik, Wirtschaft, Finanzen, Wissenschaft und Umweltzerstörung, sondern auch in die innere Verfassung der Menschen?

Erlauben Sie mir also, den Dank, den ich Ihnen schulde und gerne abstatte, nicht in eine Festansprache zu kleiden, sondern in tastende, keineswegs gesicherte Überlegungen, die die Probleme wenigstens andeuten, in die ich und, wie ich weiß, auch andere in der DDR sich heute gestellt sehen.

Der 4. November auf dem Berliner Alexanderplatz – der

Punkt der größtmöglichen Annäherung zwischen Künstlern, Intellektuellen und den anderen Volksschichten – war keineswegs, wie westliche Reporter es staunend sehen wollten, das Zufallsprodukt eines glücklichen Augenblicks. Es war der Kulminations- und Höhepunkt einer Vorgeschichte, in der Literaten, Theaterleute, Friedens- und andere Gruppen unter dem Dach der Kirche miteinander in Kontakte und Gespräche gekommen waren, bei denen jeder vom anderen Impulse, Gedanken, Sprache und Ermutigung zu Aktionen erfuhr. Seit Jahren hatte die bewußt in Opposition stehende Literatur sich bestimmte Aufgaben gestellt: Durch Benennen von Widersprüchen, die lange Zeit nirgendwo sonst artikuliert wurden, bei ihren Lesern kritisches Bewußtsein zu erzeugen oder zu stärken, sie zum Widerstand gegen Lüge, Heuchelei und Selbstaufgabe zu ermutigen, unsere Sprache und andere Traditionen aus der deutschen Literatur und Geschichte, die abgeschnitten werden sollten, lebendig zu halten und, nicht zuletzt, moralische Werte zu verteidigen, die der zynischen Demagogie der herrschenden Ideologie geopfert werden sollten. Spätere, die vielleicht in weniger bedrängten Umständen leben werden, werden herausfinden, was an diesen Bemühungen zu oberflächlich, zu inkonsequent, zu wenig kühn war und was, als Literatur, Bestand hat. Jedenfalls wurden sie und diejenigen, die sie unternahmen, gebraucht, und unsere Erwartungen schienen gerechtfertigt, daß der durch die Volksmassen erzwungene Sturz des alten Regimes zur revolutionären Erneuerung unseres Landes führen würde.

Darin scheinen wir uns getäuscht zu haben. Dieser Aufbruch kam wohl um Jahre zu spät, die Schäden in vielen Menschen und im Land gehen zu tief, der zügellose Machtmißbrauch hat die Werte, in deren Namen er geschah, diskreditiert und zersetzt, innerhalb weniger Wochen schwanden vor unseren Augen die Chancen für einen neuen Ansatz zu einer alternativen Gesellschaft, damit auch für den Bestand unseres Landes. Eine Niederlage wird nicht dadurch weniger schmerzlich, daß man sie sich erklären kann; nicht weniger bedrückend, wenn es sich um einen Wiederholungsfall handelt. Linke Melancholie? Mit sehr nüchternen Augen lese ich in diesen Wochen Hölderlin, Büchner, Tucholsky. Und ich vergewissere mich der Namen langjähriger Verbündeter: Böll, Fried, Peter Weiss, Grass, Walter Jens ... Nicht wenige von ihnen Juden, nicht wenige im Exil. Eine »Vereinigung« im Geist radikal-demokratischen Denkens, vor der mir nicht bange ist.

Auf unseren Straßen sind jetzt meist nicht mehr die, die vor Wochen den Umsturz erzwungen haben, soweit ich das beurteilen kann. Die rasend fortschreitende Desintegration fast aller bisheriger Bindungen bringt erbitterte Verfechter ökonomischer und politischer Einzelinteressen auf den Plan, ehe die Gesellschaft neue Mechanismen sozialer Sicherungen und übergreifender Integrierung entwickeln konnte, oder eine Immunität gegen Schlagworte aus dem Wirtschaftsleben westlicher Länder. Viele sind desorientiert und versinken in Depression, andere flüchten sich aus nur zu verständlicher Wut, Enttäuschung, Angst, Demütigung, aus uneingestandener Scham und Selbstverachtung in Haß- und Racheausbrüche. Was wird mit den Menschen, die sich jetzt lautstark äußern und die schnelle Besserung ihrer Lage von einem eiligen, bedingungslosen Anschluß an den großen, reichen, potenten, funktionierenden Staat auf deutschem Boden erhoffen. Wohin werden sie politisch treiben, wenn sie sich in ihren Erwartungen wiederum betrogen sehen? Eine Frage, vielleicht für weitsichtige Politiker diesseits und jenseits der deutsch-deutschen Grenze, auch mitten im Wahlkampf. Uns ist eine Besinnungspause nicht vergönnt, aus einem extremen seelischen Ausnahmezustand heraus müssen wir über eine Zukunft befinden, die wir gar nicht bedenken konnten. So wäre der Herbst 89 schon gescheitert? Da stocke ich. Der Suggestion in dieser Frage will ich nicht nachgeben. Will mich der Zustände erinnern, die nicht länger erträglich waren. Der fast unglaublichen Besonnenheit der Volksmassen, die sie, im wesentlichen gewaltfrei bis heute, verändert haben. Der Freizügigkeit für alle, die, nirgendwo so deutlich wie in Berlin, das Lebensgefühl besonders der jüngeren Menschen gründlich verändert hat. Besonders aber will ich meine und Ihre Blicke hinlenken auf die Tausende (nicht Millionen, das nicht), die ihre selbsterrungene Freiheit als Möglichkeit zu verantwortlichem Handeln wahrnehmen. In einer Vielzahl von Bürgergruppen, in Wohngebieten, Rathäusern, Kommissionen decken sie die Übel der Vergangenheit auf, verhindern, daß die Strukturen intakt bleiben, die sie hervorbrachten, verwirklichen beharrlich nützliche Projekte und erarbeiten konkrete Entwürfe für einzelne Gesellschaftszweige: Basisdemokratie. Übrigens sind die Erfahrungen, die wir als Autoren in solchen Gruppen machen können, gar nicht zu überschätzen.

Aber was ist inzwischen mit der Kunst? Der Posten ist vakant, den sie so lange besetzt hielt. Diese Entlassung aus einer Dauer-Überforderung erleichtert, aber ich beobachte auch Irritationen: Die Arbeit der Presse muß die Literatur nicht mehr machen, manche Bücher, die noch vor Monaten auf Schwierigkeiten stießen, sind durch die radikale Kritik der Öffentlichkeit zu Makulatur geworden. Die Theater sind halb leer – auch jene Inszenierungen, die vor kurzem noch umlagert waren und aus denen die Zuschauer Bestätigung für eigenes Aufbegehren schöpften, scheinen verwelkt zu sein. Hier und da schießen aus dem Gefühl, selbst zu kurz gekommen zu sein, kunst- und künstlerfeindliche Stimmungen auf, die bisher aus Partei- und Statsapparaten in Verfolgung der Sündenbock-Strategie eher künstlich erzeugt werden mußten. Die deutsche Geschichte dieses Jahrhunderts steckt uns eben noch in den Knochen. – Klage und Selbstmitleid halte ich für verfehlt, angebracht finde ich die Frage, ob wir nun etwa aus der Verantwortung entlassen sind oder wofür wir in Zukunft gebraucht werden – wenn auch sicherlich stärker marginalisiert als bisher.

Da frage ich mich: Wohin wird die Geschichte dieser vierzig Jahre geraten, die ja kein Phantom ist, aber bei ihrem Verschwinden Phantomschmerz hinterlassen wird. Wer wird die Trauer, die Scham, die Reue vieler Menschen, die ich aus ihren Briefen herauslese, in ihren Augen sehe und auch in mir selbst finde, noch öffentlich ausdrücken wollen, wenn alle mit der Verbesserung der materiellen Lebensbedingungen beschäftigt sein werden? Wer wird es auf sich nehmen, Widerspruch anzumelden gegen bestimmte menschliche Konsequenzen eines Wirtschaftssystems, dessen Segnungen verständlicherweise jetzt von den meisten herbeigesehnt werden. Auch mag – kaum wage ich es jetzt schon auszusprechen – ganz allmählich ein Bedürfnis nach einem utopischen Denken wieder wachsen, das sich aus dem Alltagsleben heraus entwickeln müßte, nicht aus der Theorie.

Kurz: Die Literatur wird leisten müssen, was sie immer und überall leisten muß, wird die blinden Flecken in unserer Vergangenheit erkunden müssen und die Menschen in den neuen Verhältnissen begleiten. Jeder Versuch einer Selbstverleugnung würde die Kreativität an der Wurzel zerstören. Meine Bitte an Sie geht dahin, uns Ihre aufmerksame, kritische Sympathie zuzuwenden – darauf sollten wir uns wohl gegenseitig verständigen können, um alte Fremdheiten allmählich aufzulösen und keine neuen entstehen zu lassen.

Ich danke Ihnen für die Gelegenheit, hier mit Ihnen darüber sprechen zu können.

*31. Januar 1990*

# Heine, die Zensur und wir

*Rede auf dem Außerordentlichen Schriftstellerkongreß
der DDR*

Liebe Kolleginnen und Kollegen.

»Wie soll ein Mensch ohne Zensur schreiben, der immer unter
Zensur gelebt hat?« Sie haben es erraten: Heinrich Heine, der
als junger Mann an dieser Universität, in der wir uns durch die
Einwirkung höherer Gewalt versammeln, bei Hegel, Raumer,
Savigny gehört hat, stellt sich diese Frage viele Jahre später, in
Paris. Er klagt: »Aller Stil wird aufhören, die ganze Gramma-
tik, die guten Sitten. Schrieb ich bisher etwas Dummes, so
dachte ich: Nun, die Zensur wird es streichen oder ändern, ich
verließ mich auf die gute Zensur. – Aber jetzt – ich fühle mich
sehr ratlos! Ich hoffe auch immer, es ist gar nicht wahr und die
Zensur dauert fort.«

Wir schreiben den 14. März 1848, in Frankreich ist die Revolution ausgebrochen, der Bürgerkönig geflohen, in Deutschland herrscht noch Ruhe. Ich frage mich, ob nicht mancher unserer Kollegen Heines selbstironische Sorge bald als Stimme
der Nostalgie in sich vernehmen wird oder jetzt schon ver-
nimmt, und ich möchte davor warnen, auch diese Nostalgie
noch zu verdrängen, wie jetzt schon die bohrende Selbstein-
sicht in – ich sage mal: Irrtümer, an die die rückwärtsgewandte
Wehmut sich klammern muß. Eigentlich würde ich heute von
manch einem Kollegen lieber ein Bekenntnis zu den Wonnen
der familiären Zensur hören als von einem jeden die Versicherung, ihr Opfer gewesen zu sein. (Und – seien wir doch ehrlich: Auch die Zensur ist zuletzt nicht mehr gewesen, was sie
früher mal war; auch sie war doch in den letzten Jahren schon
pervertiert.) Ich hätte mir gewünscht, daß Mitglieder aus dem
Präsidium oder Vorstand sich gewehrt hätten gegen die ausgesprochene und unausgesprochene Kritik an ihnen oder jeden-

falls an der Rolle, die ihnen in den alten Strukturen zugedacht war und die sie teils erfüllt, gegen die sie sich teils gewehrt haben. Dann wäre diese Rolle jedenfalls deutlicher zur Sprache gekommen. – Ich bin übrigens der Meinung, daß man bei gesellschaftlichen Prozessen, in die sehr viele Menschen einbezogen sind, mit Schuldzuweisungen an einzelne nicht viel Konstruktives erreicht, und daß es wichtiger ist, eine Atmosphäre zu schaffen, in der es jedem nicht zu schwer gemacht wird zu lernen und in der er es über sich bringen kann, sich öffentlich über die Notwendigkeit und die Fortschritte dieses Lernprozesses zu äußern. Verantwortung allerdings müssen wir alle übernehmen und sollten sie nicht auf andere projizieren.

Der Schriftstellerverband ist ja auf diesem Außerordentlichen Kongreß in einer schwierigen Lage – auch darin getreuer Spiegel der Situation, in der sich das ganze Land befindet: Er hätte sich möglichst selbstkritisch zu sehen und muß zugleich versuchen, den selbstzerstörerischen Tendenzen zu entgehen, die in diesen Versuchen bei uns weitverbreitet sind. Dies schafft ein einzelner nur, indem er sich verändert, ein Verband, indem er sich zu erneuern beginnt. Wir haben uns lange – ich glaube, *zu* lange mit neuen Statuten beschäftigt. Ich will neue Statuten nicht geringschätzen, besonders nicht nach unseren Erfahrungen mit Statuten, Gesetzen und Verordnungen, die Instrumente für Zensur und andere Arten von Behinderungen und Drangsalierungen gewesen sind. Ich bekam aber in diesen Tagen den Gedanken nicht aus dem Kopf, daß das ausführliche Reden über ein Statut den Raum für das Reden über so vieles nahm, was nicht nur wir selbst erhofften, was auch die Öffentlichkeit gerade jetzt von uns erwartete. Man muß das wohl Verdrängung nennen.

Wir selbst und die Öffentlichkeit müssen also zur Kenntnis nehmen: Dies ist kein politisch oder kulturpolitisch einheitlicher Verband mehr, der politisch oder kulturpolitisch mit einer Stimme sprechen kann; daran müssen wir uns erst gewöhnen, daher nehmen wir unsere Stimme vielleicht zu sehr zurück.

Wie sehr viele Bürger dieses Landes sehen sich viele Autoren in naher Zukunft vor Existenzprobleme gestellt, unter anderem dadurch, daß ihre materielle Basis – Verlage und andere Publikationsorgane – ebenfalls in ihrer Existenz bedroht ist. Also hat dieser Außerordentliche Kongreß seine Aufgabe auch darin sehen müssen, sich mit der sozialen Situation der Verbandsmitglieder zu befassen. Und drittens: Dieser Kongreß wurde nach basisdemokratischen Grundsätzen, also höchst zeitaufwendig abgewickelt. Insofern hat er neue Strukturen ausprobiert – eine andere Frage, ob der Verband sie auf einem späteren Kongreß so noch einmal wiederholen muß.

Wenn ich die Stimmung von gestern abend richtig erfaßt habe, so waren viele Kongreßteilnehmer irritiert, unzufrieden, auch beschämt über den Mangel an substantiellen Diskussionen in den zurückliegenden anderthalb Tagen. Diese Stimmung äußerte sich auch in Kritik, zum Beispiel an mir, weil ich nicht für den neuen Vorstand des Verbandes kandidieren wollte. Da ich die Mitverantwortung für den Ablauf dieser Tagung fühle, will ich doch auf ausgesprochene und unausgesprochene Fragen und Vorwürfe antworten.

Manche werden sich vielleicht erinnern, daß ich viele Jahre lang in verschiedenen Gremien des Schriftstellerverbandes, auch im Vorstand, gearbeitet habe. Es gab Zeiten, in denen dieser Verband für junge Leute eine identitätsstiftende Funktion hatte – auch wenn wir damals sicher nicht alles durchschauten, was sich in den Versammlungen zutrug. Es gab auch später Bezirksverbände, in denen die kritischen bis oppositionellen Autoren das Klima bestimmten und Kollegen gegen Reglementierung schützen konnten. Es gab unter uns Freundschaft und Solidarität. Die Ereignisse nach der Biermann-Ausbürgerung polarisierten die Schriftsteller der DDR, diese Polarisierung ist nur verwischt, nicht aufgelöst. Der spätere Ausschluß von Kollegen auf Anweisung der Behörden hat meine Bindung an den Verband zerstört. Nach den Kollegen, die dann weggingen, hat sich nach meinem Eindruck die damalige Leitung nicht einmal umgedreht. Noch gegen Ende des vorigen Jahres habe ich erlebt, wie schwierig es war, im Berliner Verband eine mehr als halbherzige Korrektur dieser Verhaltensweisen durchzusetzen.

Ich hätte es damals für bedenkenswert gehalten, einen neuen Verband zu gründen. Die Mehrheit der Kollegen war anderer Meinung, ich verstehe das. Aber bei mir ist eine Entfremdung zum Schriftstellerverband eingetreten, die ich nicht leicht und schnell überwinden kann, sie hindert mich, jetzt wieder ein Amt zu übernehmen. Übrigens bin ich auch ungeeignet für die Durchsetzung gewerkschaftlicher und sozialer Interessen der Kollegen – dies aber wird das Schwergewicht der Arbeit des neuen Vorstandes sein. Das sind Gründe, die ich nicht verschweigen wollte, obwohl es vielleicht genügt hätte, meinen Hauptgrund zu nennen: Ich habe seit dem vorigen September keine Zeit mehr zum Schreiben gehabt, mir scheint, daß ich es wieder versuchen sollte, und ich kann mir daneben nicht allzuviel anderes vornehmen.

Und eigentlich – ich hoffe, das ist kein billiger Selbsttäuschungstrick – finde ich es nicht schlecht, wenn die Jüngeren, die jetzt das Heft in die Hand nehmen, sich ganz auf sich verlassen. Ihnen gehört meine Solidarität, sie können sie einfordern. Und irgendwann muß sich ja jeder von Vater- und Mutterbildern trennen. Warum nicht jetzt?

Denn wir sind ja auch als Schriftsteller am Ende jener Etappe, in der wir oft gefordert waren, stellvertretend für andere zu sprechen – weil sonst keine Institution die Widersprüche ausdrückte, die dieses Land immer tiefer zerrissen, und weil es andere oft teurer zu stehen gekommen wäre als uns, wenn sie geredet hätten. – Bei der Gelegenheit möchte ich daran erinnern, daß eine ganze Menge guter, kritischer, oppositioneller Literatur in der DDR seit Jahren von Autoren geschrieben wird, die nicht Mitglieder des Schriftstellerverbandes waren oder sind – weil sie gar nicht aufgenommen worden wären und weil sie, um sich als Schriftsteller zu konstituieren, den Verband nicht brauchten. Als Beispiele für fulminante Talente nenne ich nur Wolfgang Hilbig und Gert Neumann, und ich nenne die Jungen, die am Prenzlauer Berg eine ganz neuartige subversive Kultur entwickelt haben und die seit kurzem ein Podium in der Öffentlichkeit haben.

Andererseits ist eine gezielte, umfangreiche, konzertierte Aktion in einigen Medien der Bundesrepublik im Gange (und, im Profilierungseifer des Wahlkampfs, punktuell auch in DDR-Zeitungen), die mit der allgemeinen Totaldemontage der DDR auch die Literatur demontieren will, die in der DDR geschrieben wurde, und möglichst viele ihrer Autoren gleich mit. Mir ist nicht bange um die kritische, sich wehrende, humanistische, antizipierende, unerschrockene und sich behauptende Literatur, die in diesem Land geschrieben wurde, aus der Bindung an dieses Land und aus den Konflikten, die wir annahmen und in denen wir uns behaupteten. Wir wollen doch nicht vergessen, daß die Leugnung dieser Wurzeln unsere Kreativität an ihrem Ursprung beschädigen würde, und der neue Schriftstellerverband sollte auch nicht vergessen, was in diesem sicher noch schärfer werdenden Gegenwind von uns gefordert ist: Solidarität.

Und dies scheint mir auch das Schlüsselwort zu sein für ein neues Verhältnis zu unseren Lesern, die, vielleicht auch ein bißchen durch unseren Verdienst, uns als Stellvertreter für ihre Interessen nicht mehr benötigen, weil viele von ihnen gelernt haben, für sich selber zu sprechen. Wir können ihnen also ruhig auch einmal zeigen, daß wir Schwächen haben, daß wir ratlos sind, uns irren, daß wir nicht gerade perfekt sind in der Ausgestaltung von Kongressen, daß wir ihre Nachsicht erbitten müssen und ihre Hilfe; daß wir von ihnen hören möchten, was sie eigentlich jetzt von uns erwarten – jetzt, da viele von uns sich in einem schwierigen Prozeß der Neudefinierung ihrer sozialen Rolle befinden.

Was immer jetzt kommen mag, welche Gesellschaftsordnung, welche Wirtschaftsformation, welche Herausforderungen, Versuchungen, Diffamierungen und Infamien, welche neuen Möglichkeiten und Chancen auch (und welche Schwierigkeiten, die unsittlichen Anträge von den Chancen zu unterscheiden) – wir gehören zu den privilegierten und seltenen deutschen Schriftstellern, die in einem Teil Deutschlands den Aufbruch zu einer revolutionären Erneuerung durch und durch miterlebt, manche auch mitgemacht haben; die nun in die Widersprüche der nachfolgenden Entwicklung hineingestellt sind und die aus dieser Erfahrung die Kraft schöpfen können, aber auch müssen, der Restauration, die vorrückt, für unser Teil zu widerstehen. Dies trennt uns dann wohl von einem Teil des Publikums (sicher auch der Kollegen), wird uns aber auf Dauer mit einem anderen Teil der Leserschaft um so inniger verbinden.

Übrigens hat vor hundertfünfzig Jahren im Berlin der preußischen Restauration eine mutige Frau und Schriftstellerin, Bettine von Arnim, es durch Beharrlichkeit und außerordentliche Kühnheit durchgesetzt, daß zwei von den sieben von der Universität Göttingen wegen Insubordination relegierte Professoren – Jakob und Wilhelm Grimm – an dieser Berliner Universität eine Anstellung und ein neues Arbeitsfeld fanden: So klug ließen sich die feinen Unterschiede in den deutschen Föderalstaaten des 19. Jahrhunderts ausnutzen. Warum sollten also wir gleich kollektiv den Kopf verlieren, uns selbst aufgeben, unsere Geschichte, unseren Mut und unser Selbstbewußtsein, auch unsere vielgeprüfte Erfahrung im Ausnutzen von Widersprüchen bei den Regierenden – bloß weil die Mächte wechseln, mit denen wir uns auseinandersetzen müssen?

*3. März 1990*

# Dokumente

An das Sekretariat des Internationalen P.E.N.-Clubs

*Berlin, 1. März 1989*

Die Generalversammlung des P.E.N.-Zentrums Deutsche Demokratische Republik unterstützt Ihre Bemühungen um unseren tschechischen Kollegen Václav Havel. Frieden, Literatur, Sozialismus brauchen nach unserer Überzeugung das kontroverse öffentliche Gespräch. Das P.E.N.-Zentrum DDR setzt sich für die umgehende Freilassung von Václav Havel ein.

Liebe Mitbürgerinnen, liebe Mitbürger,

wir alle sind tief beunruhigt. Wir sehen die Tausende, die täglich unser Land verlassen. Wir wissen, daß eine verfehlte Politik bis in die letzten Tage hinein ihr Mißtrauen in die Erneuerung dieses Gemeinwesens bestärkt hat. Wir sind uns der Ohnmacht der Worte gegenüber Massenbewegungen bewußt, aber wir haben kein anderes Mittel als unsere Worte. Die jetzt noch weggehen, mindern unsere Hoffnung. Wir bitten Sie, bleiben Sie doch in Ihrer Heimat, bleiben Sie bei uns!

Was können wir Ihnen versprechen?

Kein leichtes, aber ein nützliches und interessantes Leben.

Keinen schnellen Wohlstand, aber Mitwirkung an großen Veränderungen.

Wir wollen einstehen für:

Demokratisierung;

Freie Wahlen;

Rechtssicherheit;

Freizügigkeit.

Unübersehbar ist: Jahrzehntealte Verkrustungen sind in Wochen aufgebrochen worden. Wir stehen erst am Anfang des grundlegenden Wandels in unserem Land. Helfen Sie uns, eine wahrhaft demokratische Gesellschaft zu gestalten, die auch die Vision eines demokratischen Sozialismus bewahrt – kein Traum, wenn Sie mit uns verhindern, daß er wieder im Keim erstickt wird. Wir brauchen Sie. Fassen Sie zu sich und uns, die wir hierbleiben wollen, Vertrauen.

*Berlin, den 8. November 1989*

*Im Auftrag der demokratischen Bürgerinitiativen: Bärbel Bohley, »Neues Forum«. Erhard Neubert, »Demokratischer Aufbruch«. Uta Forstbauer, »Sozialdemokratische Partei«. Hans Jürgen Fischbeck, »Demokratie Jetzt«. Gerhard Poppe, »Initiative für Frieden und Menschenrechte«. Christa Wolf. Volker Braun. Ruth Berghaus. Christoph Hein. Prof. Kurt Masur. Ulrich Plenzdorf.*

Für unser Land

Unser Land steckt in einer tiefen Krise. Wie wir bisher gelebt haben, können und wollen wir nicht mehr leben. Die Führung einer Partei hatte sich die Herrschaft über das Volk und seine Vertretungen angemaßt, vom Stalinismus geprägte Strukturen hatten alle Lebensbereiche durchdrungen. Gewaltfrei, durch Massendemonstrationen hat das Volk den Prozeß der revolutionären Erneuerung erzwungen, der sich in atemberaubender Geschwindigkeit vollzieht. Uns bleibt nur wenig Zeit, auf die verschiedenen Möglichkeiten Einfluß zu nehmen, die sich als Auswege aus der Krise anbieten.

Entweder können wir auf der Eigenständigkeit der DDR bestehen und versuchen, mit allen unseren Kräften und in Zusammenarbeit mit denjenigen Staaten und Interessengruppen, die dazu bereit sind, in unserem Land eine solidarische Gesellschaft zu entwickeln, in der Frieden und soziale Gerechtigkeit, Freiheit des einzelnen, Freizügigkeit aller und die Bewahrung der Umwelt gewährleistet sind.

Oder wir müssen dulden, daß, veranlaßt durch starke ökonomische Zwänge und durch unzumutbare Bedingungen, an die einflußreiche Kreise aus Wirtschaft und Politik in der Bundesrepublik ihre Hilfe für die DDR knüpfen, ein Ausverkauf unserer materiellen und moralischen Werte beginnt und über kurz oder lang die Deutsche Demokratische Republik durch die Bundesrepublik vereinnahmt wird.

Laßt uns den ersten Weg gehen. Noch haben wir die Chance, in gleichberechtigter Nachbarschaft zu allen Staaten Europas eine sozialistische Alternative zur Bundesrepublik zu entwickeln. Noch können wir uns besinnen auf die antifaschistischen und humanistischen Ideale, von denen wir einst ausgegangen sind. Alle Bürgerinnen und Bürger, die unsere Hoffnung und unsere Sorge teilen, rufen wir auf, sich diesem Appell durch ihre Unterschrift anzuschließen.

*Berlin, den 28. November 1989*

*Zu den Erstunterzeichnern gehören Götz Berger, Rechtsanwalt; Wolfgang Berghofer; Frank Beyer, Regisseur; Volker Braun, Schriftsteller; Reinhard Brühl; Tamara Danz, Rocksängerin; Christoph Demke; Siegfried England; Bernd Gehrke, Sieghard Gille, Maler; Ingeborg Graße; Stefan Heym, Schriftsteller; Uwe Jahn, Konstruktionsleiter; Walter Janka; Gerda Jun; Dieter Klein, Gesellschaftswissenschaftler; Günther Krusche, Generalsuperintendent; Brigitte Lebentreu; Bernd Löwe; Thomas Montag; Andreas Pella; Sebastian Pflugbeil, Physiker; Ulrike Poppe, Hausfrau; Martin Schmidt; Friedrich Schorlemer, Pfarrer; Andrée Türpe; Jutta Wachowiak; Heinz Warzecha; Konrad Weiß, Filmemacher; Angela Wintgen; Christa Wolf, Schriftstellerin.*

# Nachweise

*»Nach Kräften gegen das Unrecht«.* Nachruf auf Erich Fried. Zuerst in: Wochenpost, 25.11.1988. Die beiden Gedichte von Erich Fried sind dem Band *Lebenschatten* (1981) entnommen, mit freundlicher Genehmigung des Wagenbach Verlags, Berlin.

*Unerledigte Widersprüche.* Gespräch mit Therese Hörnigk, Juni 1987/Oktober 1988. In: Therese Hörnigk, Christa Wolf, Berlin/DDR: Volk und Wissen, Volkseigener Verlag, 1989; Göttingen: Steidl Verlag, 1989.

*Brief an den PEN-Club der DDR,* 24.2.1989.

*Überlegungen zum 1. September.* Rede in der Akademie der Künste, Berlin, 31.8.1989. Abgedruckt in: Falter (Wien), Nr. 41, 13.10.1989.

*Aufforderung zum Dialog.* Gespräch mit Gerhard Rein, 8.10.1989. Gesendet im Deutschlandfunk am gleichen Tag.

*Brief an die »Junge Welt«.* 17.10.1989. In: Junge Welt, 23.10.1989.

*»Das haben wir nicht gelernt«.* 21.10.1989. Zuerst in: Wochenpost, 27.10.1989: auch in: taz und Frankfurter Rundschau, 31.10.1989.

*»Wider den Schlaf der Vernunft«.* Rede in der Erlöserkirche, Berlin (Veranstaltung von Berliner Schriftstellern und Künstlern), 28.10.1989. In: Neue deutsche Literatur, Berlin/DDR, H. 2, 1990.

*Leben oder gelebt werden.* Gespräch mit Alfried Nehring, 30.10.1989. Alfried Nehring ist Leiter der Abteilung Literaturverfilmung im Fernsehen der DDR. Zuerst in: Film und Fernsehen, H. 2, 1990.

*Sprache der Wende.* Rede bei der Demonstration am 4.11.1989, Berlin Alexanderplatz. In: taz und Frankfurter Rundschau, 9.11.1989.

*»Es tut weh zu wissen«.* Zuerst in: Wochenpost, 24.11.1989.

*Einspruch.* Frei gehaltener Diskussionsbeitrag auf der Berliner Schriftstellerversammlung, 23.11.1989. Nach Filmmitschnitt. In Auszügen dokumentiert in einer Sendung des SFB (ARD) am 10.12.1989.

*Schreiben im Zeitbezug.* Gespräch mit Aafke Steenhuis, 11.12.1989. Aafke Steenhuis ist Schriftstellerin und Journalistin, sie lebt in den Niederlanden. Das Gespräch wird auch erscheinen in dem Band *In de cakewalk. Schrijvers over de 20. eeuw.*

*Zwischenrede.* Rede zur Verleihung der Ehrendoktorwürde der Universität Hildesheim, 31.1.1990. Unter dem Titel: Zwischenbilanz in: Frankfurter Rundschau, 8.2.1990.

*Heine, die Zensur und wir.* Rede auf dem Außerordentlichen Schriftstellerkongreß der DDR. 3.3.1990.

*Resolution des PEN-Club.* 1.3.1989.

*Erklärung.* Gesendet vom Fernsehen der DDR am 8.11.1989.

*Für unser Land.* Zuerst in: Neues Deutschland, 28.11.1989. Wiederabgedruckt in: Frankfurter Rundschau, 30.11.1989.

Christoph Hein
# Als Kind habe ich Stalin gesehen
Essais und Reden

*268 Seiten · Broschur*
*ISBN 3-351-01773-1*
*Best.-Nr. 614 307 4*
*Bestellwort: Hein, Als Kind*

Christoph Hein gehörte im ereignisreichen, von jähen Wendungen strotzenden Herbst 1989 zu den engagiertesten DDR-Schriftstellern. Vieles ist in Bewegung geraten. Zu vieles? Was ist des Bewahrens wert? Was muß unwiederbringlich verschwinden? Hein hat Reden gehalten, Interviews gegeben und dennoch auch geschrieben. Die vorliegende Sammlung von Texten gehört zum Wichtigsten, was diese Zeit an literarischen Zeugnissen hervorgebracht hat. Nachdenklich, anklagend, manchmal fast resignierend stellt Hein seine Fragen zur Zeit – wie die jetzt begonnene Fahrt endet, wer weiß es?

Karl Winkler
# Zur Klärung eines Sachverhalts

*208 Seiten · Broschur*
*ISBN 3-351-01796-0*
*Best.-Nr. 614 326 9*
*Bestellwort: Winkler, Klärung*

Nun ist Kalle Winkler wieder hier bei uns – „besuchsweise", wie es heißt, aber hier und dort, hüben und drüben sind Worte, deren Bedeutung verblaßt. Dreizehn Monate hat der 18jährige im Stasiknast verbracht: Hohenschönhausen, Cottbus, dann wurde er abgeschoben. Für harte Währung in den Westen. Sein Vergehen sind engagierte Lieder zur Gitarre. Sein Konflikt ist der mit dem Staat, welcher sich am Ende um seiner selbst willen zu Tode gefürchtet hat. Kalle ist einer, mit dem noch zu rechnen sein wird, und das ist gut so.